천비록

전 인류에게 고함

천지원

목차

서문	8

제1부 사후세계(死後世界)   11

1. 사람이 죽으면 어디로 가는가   12
2. 자신의 모습을 그대로 닮은 사람신   18
3. 사람의 죽음 이후, 사람신   21
4. 사람신의 집   22
5. 사람신의 음식   23
6. 사람신의 옷   24
7. 유전병이 아니라 유신병   25
8. 사람신과 조상신   26
9. 사람은 어떻게 구제받을 수 있는가   27
10. 조상신과 조상제   28

제2부 신(神)의 세계   35

1장 사람신, 본신(本神), 주신(主神)   36

1. 출생부터 사망까지 나를 지배하는 신, 본신   37
2. 본신을 주관하는 신, 주신   39
3. 신앙과 도는 성신으로 가는 길   41
4. 악신의 비율   42
5. 바른 신앙과 도   43
6. 신의 종류   44

2장 신의 속성   49

1. 신들도 각각의 기질이 있다   49
2. 신들은 능력과 힘으로 지위가 정해진다   49
3. 신의 세계는 육의 세계와 함께 존재한다   50
4. 사람을 지배하기 위한 악신의 위장술   52
5. 신통력의 실체   54
6. 빙의와 수호령   55
7. 방언과 신   56
8. 부적과 신   56
9. 세상 종교와 도를 주관하는 신   57
10. 종교 전쟁은 신들의 전쟁   58

3장 신이 일으키는 병들   60

1. 유신병, 고질병, 업살병   60
2. 전생의 업으로 인한 병   60
3. 기 치료의 실상   61
4. 후유증, 치료되지 않은 사람신의 고통   63

4장 신을 아는 것은 신앙과 도의 기본   64

1. 신을 아는 것은 신앙과 도의 기본   64
2. 사람으로 태어난 의미   66
3. 하늘법과 세상법은 다르다   72

제3부 기(氣)와 영(靈)   75

1장 기   76

1. 기는 생명이고 에너지이며 능력과 힘   77
2. 악신의 기, 악기(惡氣)   81
3. 기의 능력은, 곧 신의 능력   82
4. 한곳에 머무르지 않는 기   83
5. 빛보다 빠른 기   84
6. 기의 실체는 과학으로 측량할 수 없다   85
7. 바른 신앙과 도는 오직 천기를 통해   86
8. 우리 대한에 내리시는 천기의 은사   87

2장 영   89

1. 영은, 곧 자신이다   90
2. 망각 속의 삶   92
3. 영은 영생한다   93
4. 영통(靈通)   93
5. 성령과 성신   94
6. 생각은 신, 마음은 영   96
7. 영의 전생만이 진정한 나의 전생   97
8. 윤회에서 벗어나는 길   99
9. 방황하는 이들을 위해 알림   100

제4부 사람의 운명   103

1. 사람은 누구나 두 가지의 운명을 살아간다   104
2. '이때 이 시기'를 살아가는 사람들   108

3. 운명을 바꾸는 방법　　　　　　　　　　112
4. '악신 죽어라' 주문법　　　　　　　　　116
5. '정구업진언수' 주문법　　　　　　　　122

제5부 하늘과 땅의 비밀　　　　　　　125

1장 대우주 하늘의 역사　　　　　　　126

1. 무주공천(無宙空天)과 태천(太天)시대　　126
2. 선천(先天)시대　　　　　　　　　　　129
3. 후천(後天)시대　　　　　　　　　　　131
4. 이 땅의 악신들을 심판하심　　　　　　134
5. 땅의 역사　　　　　　　　　　　　　135

2장 왜곡된 것을 바로잡으며　　　　　137

1. 하나님은 영(靈)이 아니시고 신(神)이시다　137
2. 창세기의 비밀　　　　　　　　　　　138
3. 우주와 하늘　　　　　　　　　　　　141
4. 극락　　　　　　　　　　　　　　　143
5. 천당과 천국　　　　　　　　　　　　144
6. 지옥　　　　　　　　　　　　　　　145
7. 천년왕국　　　　　　　　　　　　　145
8. 임사체험(臨死體驗)　　　　　　　　　146
9. 우상(偶像)　　　　　　　　　　　　148
10. 손 없는 날　　　　　　　　　　　　149

제6부 대도대한(大道大韓)   153

1장 정도(正道)와 정법(正法)   154

1. 신앙과 도에 대한 바른 이해   156
2. 신앙의 근본은 하나님전   159
3. 하나님전에 대하여   160
4. 죄와 벌   164
5. 심판과 종말   165
6. 대한의 도는 하늘의 도   167
7. 천지인(天地人)의 바른 의미   167

2장 대도대한   171

1. 대도대한   171
2. 내도대한의 목적   173
3. 신앙 대통합의 시대   173
4. 대한의 민족이여 깨어나라   175
5. 성신도(聖神圖)   177

제7부 전 인류에게 고함   189

제국천 천법(帝國天 天法)   190
말씀이라   212

[부록] 조상제 사례   227
태아(胎兒)신 사례 / 유산된 아이의 경우   248

서문

저자 '대광 엘리사' 입니다.

종교인이 아닌 신앙자로서 후천의 하늘에 대한 신앙과 믿음으로 기도하는 기도사이고, 하늘의 도를 익혀 악(惡)한 신(神)들과 싸워 물리쳐 나아가는 수도사이며, 먼저 알게 된 것을 바르게 전하여 알리고자 하는 선지사입니다.

36년 전 기도·수도를 시작한 이후 이 땅의 사람들이 선천(先天)시대의 신앙을 하고 있음을 알게 되었으며, 그로부터 10여 년이 지난 1997년 12월 1일, 마침내 선천시대가 무가 되고 후천(後天)의 새로운 시대가 열리었으니 그때 그 자리에 있었기에 증거하는 이가 되었음입니다.

후천의 시대를 맞이한 이후 지난 26년의 세월 동안 후천의 신앙과 도를 내려 주심으로 더없이 크고 크신 하늘의 은혜와 은총과 은사를 입었습니다.

이에 내려 주심을 받들어 이 땅으로 전하려 하며 하늘과 땅의 신(神)의 세계에 대한 설명을 통해 지금까지 잘못 알려진 신들의 역사를 밝히고 이 땅의 사람들이 신들로 인하여 많은 영향을 받아왔음을 알릴 것입니다.

그리하여 시금 이 순간에도 그러한 신들로부터 벗어나지 못하고 있는 이유와 해결 방안을 전함으로써 참신앙과 도를 구하는 이들에게 바른길을 제시하고자 합니다.

2024년 5월
大光 엘리사

제1부
사후세계(死後世界)

사후세계를 알아야만 앞으로 설명할 여러 광범위한 신계(神界)의 내용들을 이해하는 데 도움이 되기에 먼저 다루는 것이니, 내용들이 놀랍고 충격적일 수는 있으나, 신계의 현실이 이러함을 직시해야 한다.

1. 사람이 죽으면 어디로 가는가

사람에게 가장 중요한 것은 생(生)과 사(死)이다. 세상에 태어났으니 언젠가는 죽게 되어 있다.

세상 사람들은 언제 어느 때에 종말이 온다고 하며 이를 예언이라고 말하는데 사람의 종말은, 곧 죽음이다. 죽음이 두렵고 무서운 것은 사람이 아직 경험해 보지 못한 세계이니 죽음이 자기를 어디로 데려갈지 확신할 수 없기 때문이다.

사람은 죽으면 신의 세계에서 살아가게 된다. 곧 세상에서 말하는 사후세계인데, 사후세계는 신으로 살아가니 결국 신계에 편입되는 것이다. 이때의 신계란 하늘의 세계와는 다른, 바로 땅에서의 신계를 말한다. 즉, 사람이 죽으면 땅에서 신으로 살아가게 되는 것이며, 세상에서 말하는 귀신이나 영혼의 형태로 육이 없이 살아간다고 생각하면 된다. 죽어서는 자신의 이름도 기억도 모두 희미하니 그 존재를 명명하기가 어려워 '사람신(神)'이라고 표현한다. 사람신은 어떠한 능력이나 힘도 없으니 가장 약한 존재로 신계에 머물게 된다.

사후세계는 그저 눈을 감고 편히 쉬는 공간이 아니다. 사람이 죽으면 육을 떠나 다시 신의 삶을 살게 되는데, 이때 사람신은 세상에서 말하는 영가(靈駕)와 같이 떠도는 존재가 아니다.

사람의 모습을 가지고 있으나 말하고 행동하는 것조차 쉽지가 않으니, 마치 기억상실과 같이 자기가 누구인지, 이곳이 어디인지, 자기가 살았는지 죽었는지조차 분간하기 어려운 상태가 된다. 살아있는 동안 죽음을 준비하지 않은 사람은 죽음 이후의 세계, 곧 사후세계에서 아무것도 할 줄 모르는 신생아와 같은 처지가 되고 만다. 그래서 사람은 살아있는 동안 죽음 이후인 사후세계를 준비해야 하는 것이다.

세상에서는 의사, 약사가 있어서 병들고 아프면 수술도 받고 약도 처방받아 건강을 회복할 수 있지만 죽은 이후의 세계에서는 그렇게 할 수가 없으며 또한 그 누구의 도움도 받을 수가 없다. 사람이 죽어 신계에 편입되면 아무것도 할 수 없기에 처음에는 두려움에 떨다가 결국 자기 후손의 몸 안으로 숨어드는데, 아무런 능력이 없는 조상신에게 후손의 몸 안이 아닌 바깥은 공포 그 자체이기 때문이다. 사람이 살아서는 보지 못했던 신의 세계를 맞닥뜨리고 보면 무엇도 할 수 없고 그저 도망 다녀야 하는 처지가 될 뿐이다.

후손들은 자기의 몸 안에 돌아가신 부모님을 비롯하여 병들어 죽거나 사고로 죽은 조상신들이 들어오면 그 병과 사고의 영향이 그대로 미치게 되니 결국 나쁜 영향만을 받게 되는 것이다. 세상에는 '조상 덕을 본다, 조상이 보살펴 준다'라는 말이 있는데, 살아있는 사람은 조상의 덕을 보는 것이 아니라 자기 몸 안에 들어와 있는 조상신으로 인하여 오히려 어려움을 겪게 된다. 사람이 자기 운명의 영향도 벗어나지 못하는데 죽은 조상신의 영향까지 받게 되니 이는 이중고, 삼중고를 겪는 것과 같다고 할 수 있다.

돌아가신 부모님은 어쩔 수 없다지만 보지도 못한 조상신이 나의 뜻과는 상관없이 내 몸 안에 들어와 영향을 미치니 사람이 뜻대로 살아간다는 것이 쉽지 않다는 말이 바로 이런 것이다. 사람이 살아있을 때는 생각하고 말하고 행동할 수 있어 자기의 의지대로 생활할 수 있지만 죽은 사람, 곧 사람신은 생각하고 말하고 마음대로 행동할 수가 없으니 손발이 꽁꽁 묶인 듯 아무것도 할 수 없는 신세가 되고 만다.

이처럼 사람신은 자기의 의지대로 살아갈 수 없는 존재이다. 그러기에 사람신의 삶이 왜 이렇게 되었는지, 사람신의 처지가 어쩌면 이리도 무력한지에 대해 알지 못하면서 인생을 논할 수 없고 사후를 말할 수 없는 것이다. 세상에서는 아무리 고생스럽게 살더라도 죽는 것보다는 사는 것이 낫다고 말하는데, 사후세계를 준비하지 않는 사람들에게는 참으로 맞는 말이다. 세상을 살아가는 것이 아무리 어렵다고 해도 사후세계에서의 삶보다는 낫기 때문이다.

그러나 좋든 싫든 사람이 죽으면 신계를 벗어날 수 없으니, 언젠가는 신계로 가야 한다. 여기서 신계란 하늘 신계와 땅의 신계가 있는데, 사람신은 땅의 신계에 속하므로 하늘에 오를 수가 없는 것이다. 사람이 세상에서 제아무리 돈과 권력과 명예로 호령하며 살았다고 하더라도, 또한 아무것도 가진 것이 없이 살았다고 하더라도, 죽음의 순간에는 모두가 다 같은 처지가 된다.

죽음의 순간이 다가오면 사람에게는 방법이 없다. 더는 기회를 가질 수 없기 때문이다. 자신에게 남은 기회의 날들이 '10년이다, 20년이다, 30년이다.'라고 장담할 수 없으며, 자신에게 내년이 반드시 올 것이고 백 년의 인생이 평탄하게 흐를 것이라고 확신할 수도 없다. 사람들은 내일이 당연히 오리라고 여기기에 죽음에 대한 준비가 소홀하며, 죽음 이후를 알지 못하니 죽음은 그저 막막하고 두려운 것이다. 때론 자신이 죽는다는 생각만으로도 긴장되고 무섭기도 하다.

이 땅에서 살아있는 동안 자신의 죽음을 준비하지 못한 사람은 죽은 이후 땅을 벗어나지 못하고 사람신으로 살아가야 하며, 조상신이 되어 후손들의 몸으로 옮겨 다니다가 대략 오백 년에서 천 년 정도를 살아가게 된다. 사람이 육을 가지고 백 년도 되지 않는 세월을 살았는데, 죽어서도 이 땅을 떠나지 못하고 조상신이 되어서 육으로 살았던 세월보다도 다섯 배 내지 길게는 열 배가 넘는 세월을 후손의 몸을 전전하며 숨어 살아가야 한다는 사실이 도무지 믿어지지 않을 것이다.

신의 세계는 세상에서 말하는 것처럼 사람이 무엇을 믿으면 천국 가고 극락왕생하고 하는 그런 세계가 아니다. 그 세계에서의 삶은 누가 준비해 주는 것이 아니라 오로지 자신이 이러한 신의 세계의 원리와 이치를 잘 알고 깨달아 준비해야만 하는 것이다.

그래서 이런 말이 있다. '엄마 뱃속에서의 열 달은 육의 세계 백 년의 삶을 준비하는 것이며, 육의 세계에서의 백 년은 신의 세계 천년의 삶을 준비하는 것이다.'라는 말이다.

사람이 가장 솔직하고 담백해질 수 있는 시간은 자신의 죽음을 바라볼 때이다. 더 이상 아무것도 주장할 수 없는 죽음 앞에서 사람은 숙연하고 자숙하게 되는데 사람이 죽음을 바르게 알지 못하니 아등바등하며 오늘과 싸우며 살아가는 것이다. 사후세계에 대한 바른 개념을 갖도록 해야 한다.

사람은 죽는 순간, 육의 모습 그대로 몸 밖으로 나와 사후세계인 신의 세계에 편입된다. 간단히 말해 꿈을 꿀 때 자기의 육은 누워서 자고 있는데 자신은 나와서 돌아다니고 있는 그러한 상태라고 보면 된다. 육이 죽음을 맞으면 그 이후에는 원하든 원하지 않든 사람신으로 살아가야 한다. 육으로 사는 동안에는 상상하지 못했던, 바로 죽음 이후인 사후세계인 것이다.

세상에서는 착하게 살고 선행하며 덕을 많이 쌓으면 죽어서 좋은 곳에 가게 된다고 말하나, 죽음 이후에 사람신으로 살아가는 세계가 특별히 따로 있는 것이 아니라 사후세계는 바로 이 땅에 존재한다.

사람이 죽어서 묻힌 무덤은 명당이 아니고서는 사람신이 살기가 어렵기 때문에 사람신은 결국 조상신이므로 후손을 찾아갈 수밖에 없다. 이는 살아있는 후손의 의지가 아니라 조상신들의 선택이니 결국 모든 조상신들은 거의 다 자기 후손들의 몸 안에서 숨어 살고 있는데, 이는 그나마 조상신이 후손의 몸에는 자유롭게 드나들 수 있기 때문이다.

신계에서는 하나의 규칙처럼 후손과 조상신이 자연히 연결되니 후손은 잘 모르나 조상신은 자기 후손이라는 것을 안다. 또한 후손에게 들어갈 때는 저절로 축소되어 몸 안 한곳에 머무르게 된다. 사람신이 유일하게 드나들 수 있는 사람의 몸은 후손뿐이나, 남의 후손 몸에는 함부로 들어갈 수가 없다.

모든 사람은 태어나서 언젠가는 죽게 되는데, 그 죽음 이후인 사후세계를 바르게 알지 못하여 땅에 있는 후손의 몸에서 전전긍긍하며 살아가는 무지함이 없어야 하기에 사람은 자신의 죽음에 대해 심각하게 집중하여 각성해야 하고 살아가는 오늘, 육을 가진 이때에 사후세계에 대한 준비를 해야 하는 것이다.

사람이 육으로 태어남은 신의 세계를 준비할 수 있는 유일한 축복된 기회이기에 이생에서 삶을 허비하고 죽음으로 끝나는 것이 아니라 육을 떠난 이후 새로운 삶의 시작을 준비하고 맞이해야 하는 것이다.

사람은 이 땅에서 살아가는 동안, 죽음 이후를 준비하지 못한 채 사후세계로 가다 보니, 그 사후세계의 삶이 얼마나 고통스럽고 괴로운지를 모른다. 준비하지 못하고 간 그곳이, 곧 지옥이 되니, 지옥은 이 땅에 갇히는 것이다.

하늘에서는 사람이 생각하는 땅의 정의가 통하지 않는다. 땅에서 착하게 살았으니 되었지, 땅에서 죄짓지 않았으니 되었지, 이렇게 선하게 살았는데 라고 말할지 모르지만, 하늘법과 세상법은 다르다.

사람들이 말하는 정의란 이 땅에 속하는 세상법이기에 땅에서 착하다, 땅에서 죄짓지 않았다, 땅에서 선하게 살았다고 하는 모든 잣대는 세상을 기준으로 하니, 결국 사람들이 세운 기준에 불과한 것으로 하늘법에는 적용될 수가 없으며, 세상법은 하늘께서 세우신 바가 아니라는 것도 반드시 알아야 한다.

자, 그럼 이제부터는 좀 더 쉽게 이해할 수 있도록 설명해 보겠다.

2. 자신의 모습을 그대로 닮은 사람신

사람신은 사람의 모습을 그대로 가진 신이다. 사람의 육과 똑같은 모습의 신이 존재하는데, 그 신이 바로 사람신이다. 즉, 자신과 똑같은 모습의 신을 자신의 사람신이라 한다.

살아있을 때는 사람의 몸에 머물지만, 사람이 죽고 나면 그 사람과 똑같은 모습의 신이 육체를 빠져나와 신의 세계로 편입된다. 사람신의 모습은 사람이 죽을 때의 모습 그대로이다. 어려서 죽었다면 그 사람의 신은 백 년이 지나도 어린아이 모습 그대로이고, 병을 앓다 죽었다면 신의 세계에서도 병든 모습 그대로이며, 나이가 들어서 명을 다했다면 나이가 든 그 모습 그대로이다.

사람신은 살아있을 때의 육의 변화에 따라 그대로 영향을 받는다. 사람이 나이가 들면 사람신도 나이가 들며, 사람이 다치거나 병이 들면 사람신도 다치거나 병이 든다. 사람신은 신이지만, 신으로서의 특별한 능력이나 힘도 없고 의지 또한 없이 단지 몸에 머물러 있기만 한 그림자처럼 존재하는 신이다.

사람이 죽으면 사람신이 그 사람의 육체에서 분리되어 신의 세계로 들어가며, 그때부터 사후세계의 삶이 시작된다. 사람의 삶이 육의 삶으로 끝나지 않는 이유는 신의 세계에서 사람신의 삶이 이어지기 때문이다. 후손의 입장에서 보면 이 사람신이 조상신이 된다.

여기서 넋·혼이라는 것을 알아야 하는데, 사람이 태어난 이후부터 현재까지 생활해 오면서 익힌 모든 기억이 혼이며, 그 혼을 담고 있는 것이 넋이다. 그래서 넋·혼이라 한다.

넋은 사람의 형체처럼 희미하게 있으나 사람신과 달리 그 자체로만 존재한다. 또 사람 몸에서 사람신이 빠져나가면 사람은 죽지만, 넋·혼이 빠지면 사람은 죽지는 않으나 대신 모든 기억을 잃어버리게 되어 기억상실이 된다. '넋 나갔다'라는 말은 바로 이러한 의미이다.

사람이 죽으면 사람신과 함께 넋·혼도 육에서 빠져나오는데, 이때 대다수의 넋·혼은 악신(惡神)들에 의해 잡아먹히게 된다. 사람신 안에 넋·혼이 있으면 그나마 나을 수 있지만, 넋·혼을 악신들이 잡아먹다 보니 기억이 없는 것이다. 극심한 치매를 겪는 것과 같다고 여기면 이해가 쉬울 것이다. 세상에서도 치매는 안타까운 병으로 여기는데, 건강한 정신이 아니고 스스로 통제할 수가 없으니 본인도 그렇지만 가족도 감당하기가 어렵다.

치매 얘기가 나왔으니 도움이 되었으면 해서 치매를 예방하는 민간요법으로 우황청심환 복용법을 알리고자 한다. 우황청심환을 5일에 하나씩 다섯 번을 복용하는 방법이다. 예를 들어 5일, 10일, 15일, 20일, 25일 이렇게 복용하면 잊어버리지 않을 것이며, 그렇게 한 번만 하면 된다. 50세가 넘는 사람들은 되도록 복용하면 예방 차원으로 좋다. 요즘은 물약으로도 나오니 환이든 물약이든 편한 걸로 복용하면 되는데, 구할 때는 성분표를 확인해서 꼭 사향이 들어있는 것으로 복용해야 하니 참고하기 바란다.

다시 돌아가서, 악신들이 사람의 넋·혼을 먹게 되면 사람의 지혜를 얻을 수 있고, 그 사람의 모습으로 변신할 수도 있게 된다. 악신들은 그렇게 변신하여 조상의 흉내를 내기도 하는데, 관(觀)을 하여 신을 보는 사람들도 대개는 거기에 속게 된다.

실제로 진짜 조상신들은 악신들에 의한 해를 입지 않으려고 거의 후손 몸 안에 숨어 들어가 있으면서 절대 자신의 모습을 드러내지 않는다.

3. 사람의 죽음 이후, 사람신

신의 세계는 능력과 힘의 논리로 지배체계가 이루어져 있는 세계이다. 신의 세계에서의 힘은 도술, 도법, 마술, 마법 등의 능력이다. 이 능력을 많이 가진 신이 더 우위에 있으며, 우위에 있는 신이 자기보다 능력이 약한 신을 지배하거나 해치기도 한다.

그런데 안타깝게도 사람신은 신의 세계에서 가장 약한 존재이다. 살아서야 만물의 영장이라 하며 당당하고 자유롭게 행위 하였지만 죽은 이후에는 상황이 완전히 달라진다. 날카로운 발톱이나 이빨이 없으니 맹수신들을 상대할 수도 없고, 살아서 무기로 썼던 것들은 그 나름대로 동토신이 되어 사람신의 도구가 되기는커녕 사람신을 해치려 든다.

또한, 악신들은 자기들의 목적을 위하여 사람신을 이용한다. 사람신 중 남자신은 가차 없이 죽이거나 해치며, 여자신은 데려가 악신들의 생산 수단으로 이용한다. 그런 까닭에 사람신은 남녀를 불문하고 악신들을 피해 다니기에 급급하니, 사람신의 대다수가 후손의 몸 안에 숨어들 수밖에 없는 것이다.

후손은 세상을 살며 자신의 연·업·살을 해결하기도 버거운데 그렇게 들어온 조상신들의 연·업·살의 영향까지 받으며 살아가니 참으로 힘든 인생이 아닐 수 없다. 그러나 어찌하겠나, 자기의 조상인데 쫓아낼 수는 없지 않은가.

여기서 연·업·살을 설명하자면 그동안 자신의 무수히 많은 전생을 통해 연결되어서 온 그러한 관계들이 연(緣)이고, 좋은 경우이든 나쁜 경우이든 자신이 행위 한 것이 업(業)이며, 그로 인해 현재 자신에게 돌아오는 결과가 살(煞)이다. 이러한 연·업·살은 현재의 자신에게도 많은 영향을 주고 있다.

4. 사람신의 집

사람신의 집은 원래 무덤이다. 그러나 명당이 아니고서는 그곳에서 살아가기가 녹록지 않으므로 무덤을 집 삼아 산다는 것도 그리 쉬운 일은 아니다. 참고로 매장(埋葬)보다는 화장(火葬)이 좋다. 묘를 잘못 쓰면 집안에 우환을 겪게 되는데 화장을 하게 되면 그런 일은 없기 때문이다.

사람이 죽으면 매장 또는 화장하여 수목장이나 납골당, 봉안묘 등에 안치하거나 산이나 바다 등 자연에 뿌리기도 하는데, 이런저런 이유로 장지를 떠난 사람신은 먹을 것과 도피처를 찾아 떠돈다. 흔히 원귀들이 구천을 떠돈다고 하는데, 원귀들만 구천을 떠도는 것이 아니라 장지를 빠져나온 사람신 대부분은 이곳저곳을 떠돌다가 결국 후손의 몸으로 찾아 들어간다. 후손이 음식을 먹을 때 그 음식의 기를 취할 수 있으니 배고픔을 면하게 되고, 악신들을 피해 이리저리 도망 다니지 않아도 되기 때문이다.

우리는 흔히 조상신이 후손을 도와주기 위해 후손의 몸에 와 있다고 하는데, 자신의 생사도 불분명한 마당에 후손을 신경 쓸 겨를이 없다. 오히려 후손에게는 해가 될 뿐이다. 이러한 영향으로 사람들은 원인 모를 여러 가지 고통을 겪게 된다. 이유 없이 아프거나 일이 잘 풀리지 않는 등 몸 안에 들어있는 조상신들에 의해 좋지 않은 영향을 받으며 살게 된다.

병을 앓다 죽은 조상신이 후손의 몸 안에 들어있으면 그 후손도 똑같은 병을 얻게 되는데, 조상신의 입장에서야 후손에게 피해를 주고 싶지 않겠지만 그 후손의 몸을 떠나서는 살길이 막막하니 어쩔 수 없이 후손의 몸 안에 있을 수밖에 없다.

5. 사람신의 음식

사람신도 먹어야 산다. 이는 음식의 기(氣)를 먹는 것으로 후손의 몸 안이 아닌 밖에 있으면 음식을 찾아 헤매야 하는데 이것 또한 쉬운 일이 아니다. 식당이나 시장을 찾아가면 되지 않겠느냐고 생각하겠지만, 모든 장소에는 그곳을 차지하고 있는 악신인 터주신들이 있어 함부로 들어갔다가는 몰매 맞기 십상이다. 이래저래 후손의 몸 안에 들어가는 것이 조상신의 처지에서는 가장 안전한 길이다. 춥고 배고픈 조상신들은 손쉽게 후손의 생기를 얻어 그런대로 굶주리지 않고 따뜻하게 지낼 수 있기 때문이다.

그러나 막상 후손의 몸에 들어가 있다고 해도 그 몸에는 후손을 찾아온 조상신만 있는 것이 아니라, 후손도 전생의 연·업·살로 들어온 다른 악신들이 있어 사람신에게는 좋은 자리가 돌아가지 않으니, 조상신들은 숨어서 악신들의 눈치를 살피며 후손이 섭취하는 음식의 기로 연명하는데 겨우 목숨을 부지할 정도만 얻어먹을 수가 있다. 그러므로 힘이 없는 사람신들은 항상 배가 고픈 상태로 살아간다. 후손들이 기껏 제사상을 차려 주어도 악신들이 달려들어 포식하니 사람신들의 삶이란 참으로 고달프기 그지없다.

6. 사람신의 옷

사람이 죽으면 수의를 입히는데 특별한 경우를 제외하고는 그것이 신의 세계에서의 사람신의 옷이다. 살아있는 사람이야 살아가면서 본인이 입고 싶은 것을 얼마든지 택해서 사 입을 수 있지만, 죽은 이들은 죽을 때 입은 수의 한 벌로 몇백 년을 지내야 한다. 요즘은 대부분 화장을 하니 삼베나 명주와 같은 수의보다 기왕이면 좋은 옷으로 입혀주면 좋다.

7. 유전병이 아니라 유신병

조상의 병이 후손에게 이어져 대물림되는 병을 유전병이라 한다. 그런데 유전병을 신의 관점에서 보면 유신병이라 할 수 있다.

사람신은 죽을 당시의 병을 그대로 가지고 있다. 그 병을 가진 조상신이 후손의 몸 안에 들어가면 그 사람 또한 그 신과 똑같은 병을 앓게 된다. 만약 암을 앓다 죽은 조상신이 후손에게 들어가면 그 후손은 암으로 고통을 받게 된다. 한 예로, 유방암을 앓고 있는 한 여자의 몸을 살펴보니, 그 사람의 몸에 유방이 시커멓게 병들어 죽은 할머니신이 자리 잡고 있었다. 병을 앓다 죽은 조상신이 들어와 후손에게도 똑같은 병을 일으키게 되고, 병든 그 사람이 죽으면 그 사람신은 또 다른 후손의 몸을 찾아 들어가 병들게 하니, 유신병이라 한 것이다.

한 집안에서 어떤 병을 앓다가 죽은 사람이 있으면, 가족 중 그와 똑같은 병으로 고통받는 사람이 생기는 이유가 바로 이것이다. 혹자는 조상신이 후손을 돕기는커녕 왜 해를 입히느냐고 말할지 모르지만, 그것은 살아있는 사람의 입장일 뿐이다. 자신의 목숨도 부지하기 힘든 조상신들의 입장에서는 후손의 몸은 단지 피난처일 뿐, 조상신이 고의로 해를 입히려 한 것은 아니지만, 결과가 그렇다.

8. 사람신과 조상신

사람신은 육에 머물며 육과 함께 성장한다. 그러다가 사람이 죽는 순간 육의 모습 그대로 몸 밖으로 나와, 사후세계인 신의 세계에 편입되게 된다. 일단 육의 죽음으로 몸을 빠져나온 이후에는 싫든 좋든 사람이 아닌 사람신으로 살아가야 하니, 육의 세계에서는 상상도 하지 못한 세계인 것이다.

세상에서는 흔히 좋은 일을 많이 하면 사후에 극락이나 천당에 가게 된다고 이야기한다. 그러나 죽음 이후의 세계가 따로 있는 것이 아니니, 신의 세계는 바로 사람들이 사는 이 땅 이곳에 펼쳐져 있다. 더구나, 천당이나 극락은 사람이 세상에서 행한 사사로운 선행으로 갈 수 있는 곳이 아니다. 설령 많은 선행을 했다고 하더라도 마찬가지이다.

일단 사람이 세상을 떠나면, 세상에서 왕이었다 하더라도 그 순간부터는 자신이 묻힌 무덤이 그 사람, 즉 사람신의 집이 된다. 그런데, 사람이 묻힌 무덤이 명당자리가 아닌 이상 사람신이 그 자리에서 살아가기가 어렵기 때문에 그들은 후손을 찾아 그곳을 떠난다. 이는 후손들의 의지가 아니라 조상신들의 선택이니, 정작 후손 자신은 얼굴도 모르는 먼 조상신들까지 다 찾아온다.

이러한 조상신들이 후손을 찾아 들어가면, 그 후손은 현실적으로 영향을 받기 시작한다. 세상에서 유전병이라 하는 것은 실상 병을 앓다 죽은 조상신의 영향으로 후손이 같은 병을 앓는 것을 말한다. 사람이 병들어 죽으면 그 상태 그대로 신의 세계에서 살아가게 되는데, 병을 가진 조상신이 후손의 몸 안에 들어옴으로써 병이 대물림된다. 그러므로 신의 원리로 말하자면, 유전병은 유신병이라고 할 수 있다.

그런데 이러한 조상신은 모든 사람들의 몸에 들어 있다. 사람신의 수명은 대략 500년에서 1,000년이므로 한 명의 후손에게 수 대에 걸친 조상신들이 들어와 있는 것이 현실이니 어느 누가 자기의 몸 안에 조상신이 없다고 장담할 수 있겠는가.

9. 사람은 어떻게 구제받을 수 있는가

구제받는 방법은 두 가지 중 하나이다.

죽은 사람은 후손이 해주는 조상제를 통해서이고 살아가는 사람은 자신이 바른 기도와 수도를 통해 자신의 사람신이 성령으로 잉태되어 성신으로 거듭나야만 한다.

앞으로 알리는 과정을 통하여 그 길을 제시할 것인데, 오로지 자신이 찾아가는 노력이 있어야 한다. 여기서는 죽은 사람에 대한 구제 방안만 설명하도록 하겠다.

10. 조상신과 조상제

누구에게나 조상이 있다. 돌아가신 부모님으로부터 그 위로 대대의 어른들이 다 조상이 되며, 조상이 있었기에 지금의 자신이 존재할 수 있게 된 것이다. 조상들이 현재 육으로 살아 있지 않더라도 존재 자체가 완전히 사라진 것은 아니니, 육체를 벗어나 사람신으로서 살고 있기 때문이다. 조상신들은 생전의 연·업·살과 병을 그대로 지닌 채 대부분 후손의 몸 안에 머물고 있다. 이는 조상신의 연·업·살과 병이 그 후손에게 전해진다는 뜻이다.

예를 들어, 전쟁이나 사고로 팔이나 다리를 잃거나 다친 조상신이 후손의 몸 안에 머물게 되면 그 후손도 팔이나 다리를 자주 다치게 되고, 굶어 죽은 조상신이 있으면 먹어도 먹어도 배가 고프며, 간에 병이 든 조상신이 후손의 몸 안에 머물게 되면 그 후손도 간에 병이 생기는데, 사람이 병이나 사고로 인하여 죽으면 사람신은 병들거나 다친 그 상태 그대로의 모습으로 있기 때문이다.

또한, 사람 몸 안에는 조상신이 아닌 다른 악신들도 머물면서 사람들에게 많은 악영향을 끼치고 있다. 이 악신들로 인해 빙의 현상이나 가위눌림을 겪게 되기도 하고 몸이 아프거나 사고를 당하게 되는 등 사람의 삶에 있어서 많은 고통과 방해를 받게 된다.

그러하기에 이러한 악신들을 계속 정리하고 있지만, 그 악신들과 함께 조상신도 같이 머물고 있으니 악신들을 처리하다 보면 조상신도 다칠 수가 있어서 제대로 처리할 수 없을 때가 많다. 그렇지 않아도 갈 곳이 없고 힘이 없어 후손의 몸 안에 머무는 조상신인데, 조상신이 다치거나 죽을 수 있는 상황에서 악신들을 처리한다는 명분으로 조상신의 존재를 무시할 수는 없기 때문이다.

어떤 이들은 조상신을 불러내어 후손의 몸을 떠나 좋은 곳으로 가라는 의식을 하기도 하는데, 정작 그 조상신들이 어디서 살아가야 하는지도 모르면서 무작정 후손 몸에서 쫓아내니 일시적으로 다른 곳으로 갔다고 해도 다시 돌아와 그 섭섭함으로 인해 후손들에게 더 큰 해를 입힐 수도 있는 것이다. 후손이야 잘하고자 한 일이지만 결과적으로는 그러하다.

기도와 수도를 하는 이들은 더욱더 몸 안의 조상신을 해결해야 한다. 후손의 길을 막으려 하는 의도는 없겠지만, 후손의 몸 안에 조상신이 머물면 그 조상신의 연·업·살을 후손이 받기 때문에 아무리 노력해도 자신의 기도·수도를 이룰 수가 없다. 그렇다고 무조건 쫓아내거나 처리할 수도 없고, 무시해 버릴 수도 없으니 조상신의 영향으로 좋지 않은 일이 일어나는 등의 풍파를 겪을 수밖에 없다. 어떤 이들은 조상신을 마귀라고 하던데, 조상신이 마귀면 자기는 마귀의 후손이란 말인가.

또한, 조상신이 한둘이 아니므로 설령 자기 몸 안에 있던 한둘의 조상신들을 해결했다고 해도 조상신의 영향에서 벗어났다고 할 수는 없다. 조상신들은 가족의 몸 안에도 있기에 언제 어느 때나 또 다른 조상신이 들어올 수 있기 때문이다. 따라서 모든 직계 조상신들을 한꺼번에 다 불러 안전한 곳으로 보내드려야 한다. 그래야 자신을 비롯한 가족들에게 있는 조상신들까지 해결됨으로 그 영향에서 완전히 벗어나게 되는 것이다.

더욱이 조상신들과 함께 해결해야 할 신이 유산된 태아의 신이다. 자연 유산이든 인공 유산이든 관계없이 엄마의 하복부에 태아신으로 남아 있는데, 이 태아신은 자기를 죽였다고 하며 엄마의 하복부에서 평생 원망과 복수심으로 지낸다. 그래서 태아신이 무섭다.

그 영향으로 대부분 하복부 질환이 있게 되는데 태아신은 집안에 우환을 주기도 하고, 심지어는 다음 출산을 가로막기도 하며, 임신된 태아를 괴롭혀 또 다른 유산을 일으키기도 한다. 설령 아기가 태어난다고 하더라도 태아신의 시기와 질투로 인하여 그 아이의 인생이 순탄하지 않다. 그러기에 유산된 태아신을 가장 먼저 해결해 주어야 한다.

지금 이때에 은사로써 하늘의 초입에 '운궁'이라 하는 궁을 내려 주심으로 조상신들이 땅에서의 고통으로부터 벗어나 그곳에서 편하게 살아갈 수 있도록 해주시니, 이는 후천의 신앙을 하는 성도들에게 조상신을 해결할 수 있는 길을 열어 주심이다. 이러한 운궁으로 조상신들을 모시는 제를 '조상제'라고 한다.

조상제는 흔히, 죽은 사람의 영혼을 극락으로 인도하기 위해 행하는 의식인 천도제(또는 천도재)와는 전혀 다르다. 많은 이들이 조상을 잘 모시고자 하는 일념으로 천도제(또는 천도재)를 지내는데 극락, 천상이라는 곳은 하늘의 인준이 없이는 감히 갈 수 없음이니 사람신인 조상신은 천도가 될 수 없다.

선천시대에서도 그러하였지만, 더구나 후천시대의 하늘은 사람신을 받아들이지 않으신다. 사람이 육이나 신으로서 하늘을 위해 한 일이 아무것도 없으니, 하늘에서는 이들을 받아들이실 이유가 단 하나도 없는 것이다. 그러므로 죽은 후 극락에서 다시 태어난다는 극락왕생이라는 말은 세상에서 지어낸 것으로 옳지 않은 말이다.

좋은 곳으로 보내기 전에 우선 기본적으로, 병으로 죽은 사람신이라면 그 병을 낫게 해주어야 하고, 사고로 팔다리가 떨어진 사람신이라면 팔다리를 붙여 주어 온전하게 해주어야 한다. 병이나 사고로 인하여 죽으면 사람신은 그 상태 그대로의 모습으로 다니기 때문이다. 또한, 의복이 낡고 해졌으면 새 옷으로 갈아입혀야 하는데, 이 또한 세상적인 의복으로는 되지 않는다.

그런데 이러한 것도 모르면서 하는 그 행위 자체가 하늘법에 어긋나니 잘못함이 되며 땅에서는 좋은 곳으로 보내준다고 해 놓고 안 보내주니, 이에 속은 조상신들의 원망과 원성이 그 행위를 한 사람들에게 그대로 가게 되어 그 또한 업살(業煞)이 된다.

조상신들을 온전하게 해결하기 위한 조상제는 죽은 사람신들의 유일한 구원이다. 조상제가 된 조상신은 사람신으로서 각자에 맞게 건강히 새롭게 태어나 악신들의 침범도 없으며 안전하게 먹고 생활함이 자유로운 운궁에서 살아간다. 그곳에서 조상신들은 후손이 바른 신앙과 도를 이루어 성공하기를 기원드리는데, 이렇게 한 후손의 정성으로 그 대대의 조상들은 영원히 구제가 되는 것이다. (부록 '조상제 사례' 참고)

그동안 신을 연구해 오며, 사람들에게 악영향을 끼치는 악신들을 처리하고 또한, 스스로들이 싸워 물리치는 방법도 알려주었지만 조상신들을 해결하지 않고서는 더 이상 진전될 수 없었다. 그래서 조상제를 해야 함을 알려 주는 것이고, 이는 후손이 해주어야 하기 때문이다.

이때에 하늘께서 땅으로 조상제를 허락하셨으니 이는 인준하여 주신 그대로만 가능한 일이다. 하늘께서는 죽은 사람신을 받아주셔야 할 이유가 없으시고 받아주신다고 하신 적도 없기 때문에 그동안 사람의 힘으로는 죽은 조상신들을 좋은 곳에 보낼 수가 없었다.

그러나 하늘께서는 죽은 사람신이 살아있는 후손들의 몸 안으로 숨어 들어가 연·업·살의 나쁜 영향을 주니, 후천의 하늘을 신앙하는 성도들이 이러한 여파를 받지 않도록 하기 위하여 조상제를 허락해 주셨다. 조상제를 통해 후손들의 몸 안에 숨어 있던 조상신들이 갈 수 있는 낙원인 운궁을 마련하여 그곳에서 영원히 살아갈 수 있게 하여 주신 것이다.

이처럼 하늘을 알고자 찾아온 이들에게 조상제를 허락하여 주심으로 조상신으로부터 나쁜 영향을 받지 않고 살아갈 수 있는 혜택을 주셨다.

이는 후천의 하늘에서 내려 주신 은혜와 은총과 은사이시다.

제2부
신(神)의 세계

지금부터 알리고자 하는 신의 세계가 만화(漫畫) 속의 이야기 같다고 할 수 있겠지만, 이는 만화보다도 더 만화 같아서 그 이상을 상상한다 해도 빙산의 일각일 뿐으로써 만화 도법(道法)이라고 표현할 수 있다. 그러하기에 반드시 알아야 하는 내용들을 축약하여 설명하도록 하겠다.

신의 세계는 천지만물을 창조하신 하나님전과 그 주재하심 아래 함께하시는 성신님들이 계시는가 하면, 수많은 계열과 계보로 나눠진 여러 악신들이 존재한다.

1장 사람신, 본신(本神), 주신(主神)

선천시대부터 악신들은 자기들의 목적을 달성하기 위해 사람을 이용하고 철저히 지배하기 위한 수단과 방법을 가리지 않았다. 사람이 태어나는 순간부터 악신들이 만들어 놓은 체제에 속하게 하여 그들의 지배하에 놓이게 하였으니 사람은 평생 악신의 영향에서 벗어날 수 없게 되었다.

사람에게 가장 근본적인 영향을 주며 지배하는 신은 본신과 주신이다.

1. 출생부터 사망까지 나를 지배하는 신, 본신

사람에게는 자신의 모습을 그대로 닮은 사람신이 있는가 하면 출생부터 사망까지 자신를 지배하는 본신이 있다.

사람의 몸에는 누구나 예외 없이 그 사람을 지배하는 신이 자리 잡고 있다. 이 신을 본래부터 있는 신이라 해서 본신이라 하는데, 그 사람의 모습과는 전혀 다르다. 본신이 동물일 수도 있고 식물일 수도 있으며 다른 형태의 신일 수도 있는데 본신의 종류는 사람마다 각기 다르다.

옛날이야기로 한 도인이 산에서 도를 닦고 내려오니, 사람들이 사람 모습으로 보이지 않고 여우, 호랑이, 너구리 등의 모습으로 보여 그 길로 다시 산으로 돌아갔다는 이야기가 있는데 그 도인은 사람들의 본신을 본 것이라고 할 수 있다.

본신은 사람의 생명이 잉태되는 그 순간부터 사람의 몸 안에 자리 잡으며 일평생 그 사람의 삶을 지배하고 관장한다.

사람의 성격이나 기질, 성향, 사고력은 이 본신의 영향으로부터 비롯된 것이니 결국, 사람은 자신의 삶을 사는 것이 아니라, 본신의 삶을 대신 사는 것이다. 생각은 물론 말 한마디까지도 본신으로서 말하고 생각하는 것이며, 태어나서 죽을 때까지 사람은 본신의 조종과 지배에서 벗어나지 못한다. 뱀같이 교활한 사람, 양같이 순한 사람이라는 등의 표현을 하는데, 그것은 자신도 모르게 이러한 본신들의 기질을 말한 것이라 할 수 있다.

흔히들 기도나 수도를 통해 자신을 갈고닦아 거듭나야 한다는 말들을 하는데 자신의 본신이 자신을 지배하는 한 거듭남이란 있을 수 없는 일이다. 깨달음이란 말도 말 자체에 불과하니, 겉으로 자신을 치장하여 다른 모습으로 보이게 한다고 해도 그 사람을 지배하는 신은 변한 것이 없기 때문이다. 결국 자기 자신이 진정으로 거듭나기 위해서는 육이 아니라 자신을 지배하는 신이 바뀌어야 하는 것이다.

본래 사람신은 자신의 육과 함께하는 것이 원칙이다. 이는 자동차 주인이 자동차를 모는 것과 같은 것으로 이 경우 육의 운명은, 곧 사람신의 운명이 된다. 그런데 이러한 정상적인 삶이 악신들에 의해 뒤바뀌게 되어 사람은 누구나 본신을 위한 육으로의 행위를 하게 되었으니, 육의 운명은, 곧 본신의 운명이 되어 버렸다.

자동차(사람의 육) 주인(사람신)을 트렁크 안에 가두어 둔 채 다른 신(본신)이 그 자동차를 마음대로 몰고 다니는 것과 같다. 이는 사람신이 자동차 주인이 되어야 하는데 본신이 빼앗아 몰고 다니는 격이다.

그러한 까닭으로 현재 이 땅에 살고 있는 사람들은 자기의 육과 사람신이 함께하는 육신의 삶을 살고 있지 못하는 것이다. 육의 모습은 사람이지만 신의 모습은 본신으로 살아가고 있다. 이것이 바로 지금 이 땅의 사람들이 살아가는 현실이며 본신에 의해 좌우되는 사람들의 운명이다. 사람이 이를 깨닫지 못한다면 이러한 상황은 어떻게 해도 바뀌지 않으니, 본신의 지배하에서 결코 벗어날 수 없는 것이다.

2. 본신을 주관하는 신, 주신

악신의 체계에는 각기 다른 계열과 계보가 있으니, 각 악신의 계열마다 지위 고하가 있고 그 계열의 최고신이 있다.

본신 역시 자기가 속해 있는 신의 계열이 있으며 엄격한 상명하복에 따라 자기 계열의 최고신을 섬긴다. 이때 본신이 섬기는 신을 주신이라 한다. 사람 안에서 사람을 장악한 본신이 다시 주신을 섬기고 있다는 것은 사람을 지배하는 본신을 다시 지배하는 것이 주신이니, 결국 사람은 주신의 지배하에 놓여 있다는 의미이다.

그러기에 사람이 종교나 도를 택하는 것도 본신에 의해 좌우된다. 본신에게 맞는 곳을 택하면 잘되는 것이고, 본신에게 맞지 않는 곳을 택하면 어려움이 온다. 예를 들어, 본신이 여우신이라면 그 여우신의 왕신이 주관하는 종교나 도를 택하면 같은 계열이니 제대로 선택한 것이 되고, 호랑이 왕신이 주관하는 종교나 도를 택하면 다른 계열이니 잘못 선택한 것이 된다.

그러니 가족이라 하더라도 서로의 본신이 다르기 때문에 다니는 종교와 도가 다른 것은 당연하다. 사람들끼리도 서로 본신이 같은 계열이면 쉽게 친해지고 궁합도 잘 맞아서 세상에서 말하는 천생연분이 된다. 여우신은 여우신끼리, 곰신은 곰신끼리, 호랑이신은 호랑이신끼리, 그래서 끼리끼리라는 말이 있나 보다.

그런데 사람에게만 주관하는 신이 있는 것은 아니다. 동물이나 식물도 주관하는 신이 있고, 산이나 바다와 같은 자연, 종교나 도 단체 등과 더 나아가 민족이나 국가에도 주관하는 신이 있다.

산에 가면 산신이 있다고들 하는데, 산신이 바로 그 산을 주관하는 신이다. 또한 같은 민족끼리는 유사한 민족성을 갖는데, 그들 모두가 그 민족을 주관하는 신의 영향을 받으며 살아가고 있기 때문이다. 또한 국가를 주관하는 신을 국사신이라 한다. 각 나라마다 전해 내려오는 개국 신화가 있는데 그 신화들은 그 나라를 주관하는 신들에 관한 이야기라 할 수 있다.

결국 사람이 자신을 장악한 본신의 지배에서 벗어나기 어려운 것은 본신 자체의 힘이 강한 것도 있지만 주신의 존재 때문이기도 하다. 본신은 주신을 섬기며 주신으로부터 힘을 연결받는다. 즉, 주신과 본신 사이에 연결되어 있는 연결고리를 완전히 단절시키기 전까지는 사람이 자신의 힘으로는 주신과 본신으로부터 벗어나는 것은 불가능하다.

그러하기에 사람 안의 사람신은 본신과 주신에 눌려 그저 그림자처럼 존재한다. 그러다 사람이 죽으면 본신은 그 육에서 빠져나와 또 다른 곳을 찾아가지만, 사람신은 사후세계로 가서 악신들에게 쫓기며 살아가게 되니, 사람신의 삶은 육에 있을 때나 육을 떠났을 때나 고달프고 힘들다.

사람이 육을 가지고 있는 동안 사람의 육을 주관하는 신이 본래 사람신이어야 하건만, 본신과 주신에 눌려 제대로 기를 펴지 못하고 있으니 참으로 안타깝고 통탄할 일이다. 그러므로 사람이 바른 신앙과 도를 통해 자신의 삶을 되찾아야 한다는 것은 사람이 악신의 계열과 계보에 속하는 본신과 주신의 지배에서 벗어나는 것을 의미한다.

결국 바른 신앙과 도는 사람신에게 제자리를 찾아주는 길이다. 사람신이 제자리를 찾는 것이 바로 근본을 찾는 것이며, 그 근본은 영(靈)이 된다. 그것은 사람신 안에 자신의 태초의 영이 자리 잡고 있기 때문이다. 바로 이 태초의 영이 태초의 창조 이래로 무수한 삶을 거듭하며 윤회해 온 진정한 '나'이다.

3. 신앙과 도는 성신으로 가는 길

본신의 지배에서 완전히 벗어나기 위해서는 사람 안에 성령으로 잉태된 성신이 임해야 한다. '성령으로 잉태되어 성신으로 거듭나야 한다.'라는 말이 바로 이러한 의미이다.

성신이 임하려면, 성신의 하나님전에서 사람 안에 성령을 잉태시켜 주셔야 가능한 일이다. 자신 안에 있던 영에 성령이 임하시면 마치 남자와 여자가 화합하여 아이가 태어나듯 사람신이 성신으로 거듭난다. 처음에는 본신의 힘이 더 커서 본신의 영향을 받지만 자신 안의 성신이 하늘의 보호하심 아래 점점 자라나 그 힘이 강대해지고 그로 인해 본신의 힘이 상대적으로 약해지면서 비로소 성신이 자신의 중심에 자리 잡게 된다.

바른 신앙과 도를 이루어 나가는 것은 성신을 키우는 과정이다. 사람 안에 성신이 임하게 되면 악신의 방해가 더욱 심해지는데, 이때부터 사람의 선택이 중요하다. 성신이 바르고 강하게 자라나도록 자신은 악신과 싸워 이겨나가야 한다. 그러하기에 성신의 하나님전을 신앙해야 하며 자신의 신앙을 지키기 위하여 성신의 도를 닦아야 한다.

성신이야말로 하나님전의 자녀이니 성신으로 거듭난 이는 육은 세상에 있으나 하늘 자녀, 하늘 사람이 되는 것이니, 이 이상의 축복이 어디에 있겠는가.

4. 악신의 비율

악신의 지배를 받고 있는 사람이 하늘 신앙과 도를 할 수 있는 것은 본신이 나를 100% 완벽히 지배하지는 못하기 때문이다.

보통 사람의 경우, 본신이 사람을 지배하는 비율이 대략 80% 정도이고, 나머지 20%는 본신이 지배하지 못하는데, 이는 바로 영으로 인함이다. 영은 '태초의 하나님전'에서 창조해 주신 영원한 생명체이므로 창조해 주신 분 외에는 그 어떠한 신의 지배도 받지 않기에 이 영이야말로 사람에게 있어서 희망의 씨앗이 되는 것이다.

만약에 악신의 지배를 100% 받는 사람이라면 이는 그 영 자체도 악령인 것이니, 이러한 사람은 전혀 가능성이 없으며 악신의 지배에서도 절대로 벗어나지 못한다.

그러나 이런 경우는 흔하지 않으며 대부분의 사람들은 하늘 신앙과 도를 통해 악신의 비율을 낮춰갈 수 있다. 악신의 비율을 낮추는 것은 '이루어 주시옵소서.'라고 기원만 한다고 되는 것이 아니라, 자신 안에 성신이 임해야 하고 악신과 싸워 이겨 나가야만 한다. 또한 자신 안에 성령으로 잉태된 성신이 자리하게 됨은 바른 신앙과 도를 통해서만 가능하다. 그러므로 자신이 아닌 다른 사람이 대신 이루어 줄 수가 없다.

5. 바른 신앙과 도

사람이 바른 신앙과 도를 이루기 어려운 것은 악신들의 방해 때문이다. 만일 어떤 악신이 사람에게 기도·수도를 시킨다면 이는 그 악신이 자신의 도를 높이기 위해 사람을 도구로 이용하는 것일 뿐이다. 육이 없으면 도를 이루기가 어렵기 때문에 악신들은 사람을 이용해 도를 닦게 하고 그 결과를 자기의 것으로 한다.

이러한 상황이니 사람마다 자신의 신앙과 도가 옳은 것이라고 어떻게 장담할 수 있겠는가. 바르지 못한 신앙과 도를 행함은 모두 악신을 위하는 것으로, 이러한 이치도 모르고 맹목적으로 잘못된 신앙과 도를 찾아 행하는 것은 악신의 하수인 노릇만 하게 되는 헛된 노력에 불과하며, 하늘을 배역하는 결과를 낳을 뿐이다.

바른 신앙과 도를 이루기 위해서는 세상의 도가 아닌 하늘도를 통해서만 가능한 것으로, 자신 안에 성신이 임함도 사람이 할 수 있는 일이 아니라 하나님전에서 내려 주셔야만 가능한 것이다. 그런데 사람이 자신을 창조해 주신 분에 대한 감사한 마음조차 없이 어떻게 바른 신앙과 도를 이룰 수 있겠는가.

바른 신앙과 도로써 자신이 성신으로 거듭났을 때 진정한 신앙과 도가 이루어졌다고 할 수 있는 것이다.

6. 신의 종류

신의 종류는 헤아릴 수 없을 정도로 많은데 대략 이러하다.

동식물의 신

세상에 있는 모든 종류의 동물과 식물에는 그 모습과 같은 동식물의 신이 있다. 이 신들은 동식물이 살아있을 때는 그 몸 안에 머물지만 죽은 후에는 그 몸을 빠져나와 신의 세계에서 산다.

그렇기 때문에 신의 세계에는 우리가 알고 있는 호랑이, 사자 등의 맹수에서부터 개, 고양이, 소와 같은 가축, 갖가지 종류의 풀과 꽃, 나무 등 우리가 알고 있는 모든 종류의 동식물 모습의 신이 있다.

더구나 이러한 신들의 수명은 사람신들의 수명과 달리, 수천 년에서 수만 년 이상에 이르기 때문에 현재 멸종된 공룡, 시조새뿐만 아니라 흔히 상상의 동물이라고 하는 용과 해태 등의 동물이나 멸종된 식물들도 신의 세계에서는 존재한다. 중국의 신화서인 산해경에 보면 각종 희귀한 형상들이 많이 나오는데 이러한 모습의 신들이 신의 세계에서는 모두 존재한다는 것이다.

백골신

사람이 죽어 땅에 묻히면 몸은 썩고 뼈만 남게 되는데, 이 뼈에서 또 하나의 신이 발생하게 되니 이를 백골(白骨)신이라 한다. 터가 좋은 자리가 아니고서는 백골도 온전하지 못하게 되므로 그 백골신이 후손에게 영향을 주게 되니 집안에 풍파가 많아진다. 묘로 인해 발생되는 영향을 산화(山禍)라고 하는데, 이러한 산화의 영향을 받지 않는 가장 좋은 방법은 화장(火葬)을 하는 것이다.

동토신

형상을 가진 모든 물건, 물체, 사물들에는 그 형체 그대로의 신이 있으니, 이를 동토(動土)신이라 한다. 이러한 동토신이 사람을 병들게도 하는데, 옛사람들은 일찍이 이 동토신의 존재를 알고 '동티난다'라는 말을 사용했다.

판소리 변강쇠타령에는 변강쇠가 도끼로 장승을 패어 땔감으로 쓰니 장승들이 변강쇠에게 병(病)을 하나씩 주어 장승처럼 뻣뻣하게 늘어진 채 처참한 죽음을 맞게 된다는 이야기가 나온다. 이는 장승의 신, 즉 장승의 형체를 가진 동토신이 그리한 예이다.

과학신, 만화신, 게임신

과학신과 만화신, 게임신은 문명의 발달로 인해 새롭게 등장한 신종 신이다. 어떤 물건이 만들어지면 그 모습 그대로의 신이 그림자처럼 생겨나기 때문에 과학이 발달하면서 과거에 없었던 새로운 신들이 생겨나고 있다.

과학신은 각종 기계신이나 로보트신 등 과학 문명의 발달로 인하여 발생한 신들이다. 만화신, 게임신은 복제되어 나오는 신으로 만화를 즐겨 보거나 컴퓨터 게임을 많이 하게 되면 그 영향을 받게 된다. 이러한 신들은 사람들의 정서를 메마르게 하고 파괴적인 성격을 갖게 한다.

마귀신과 사탄신

마귀나 사탄이란 말이 세상에서 흔히 쓰이는데, 실제로 마귀나 사탄은 신으로서 존재하고 있다. 사탄신은 옛 뱀, 즉 뱀의 형상에 큰 날개를 가지고 있으며 공룡신이나 용신보다도 훨씬 더 크다.

알려져 있지는 않으나 유사한 계열로 천사마귀신과 마귀천사신이 있다. 천사마귀신은 타락한 천사신을 말하며, 마귀천사신은 날개 달린 각종 동물 형상의 신으로서 날개 달린 호랑이 형상이나 날개 달린 사자 형상의 신들이 이에 해당한다.

외계신

외계신은 말 그대로 외계인의 신이다. 높은 과학 수준을 지녀 신의 우주선을 타고 다니며 지구로 끊임없이 침범해 오는 신이다. 외계인이 지구인을 노예로 삼고 지구를 공격하는 내용의 공상 과학 영화가 있는데, 이는 신의 세계에서 실제로 일어난다. 뛰어난 지적 능력을 갖춘 외계신들은 고도로 발달된 문명을 토대로 지구의 각종 신들을 공격하여 죽이거나 끌어다가 연구 대상으로 삼기도 한다.

합성신

합성신은 모습과 성질이 다른 각각의 신들이 하나로 합해져 전혀 다른 모습과 힘을 갖게 되는 신이다. 고대 신화에는 여러 모습의 신들이 묘사되어 있다. 머리카락 하나하나가 뱀이고 머리는 사람이되 몸은 짐승인 반인반수(半人半獸)의 괴물도 나오는데, 이러한 모습의 신들도 신의 세계에서는 모두 존재한다.

악신은 합성을 하면 모습만 합해지는 것이 아니라 능력과 힘도 합해져 더욱 막강한 신들로 변화되기 때문에 이를 통해 얻어진 능력과 힘으로 세력을 확장해 나가는 것이다. 신의 세계는 물질이 아닌 기(氣)로 이루어져 있기 때문에 능력이 되는 악신에게 이러한 합성은 매우 단순한 일에 속한다.

2장 신의 속성

1. 신들도 각각의 기질이 있다

신들에게도 각각의 기질이 있다. 호랑이신이라 하면 호랑이의 기질을 지녀 용맹하며 여우신은 꾀가 많고 뱀신은 사악하다.

이러한 신들이 본신으로 자리 잡은 경우, 사람은 그 신의 기질을 나타내게 된다. 세상에서는 강한 신이 들어 있는 사람을 가리켜 '기가 세다'라고 표현하는데 실상은 '신이 세다'라는 표현이 맞다.

2. 신들은 능력과 힘으로 지위가 정해진다

신의 세계도 육의 세계와 마찬가지로 체계와 질서를 갖추고 있다. 신의 세계에서는 신이 가진 능력과 힘에 따라 그 지위가 정해진다. 악신의 계열과 계보에서도 최고의 신부터 가장 낮은 신에 이르기까지 철저하게 조직화 되어 있다.

하늘에는 오직 성령과 성신으로만 이루어진 한 계열과 계보만이 존재하시나, 땅에는 여러 악신들의 계열과 계보가 있어 자신들의 영역을 확장하기 위해 끊임없는 전쟁을 벌인다. 신계의 관점에서 보면 한 국가가 다른 국가를 침략하는 것 또한 그 국가를 주관하는 신이 세력을 확장해 나가는 과정이다.

3. 신의 세계는 육의 세계와 함께 존재한다

신의 세계가 따로 존재하는 것이 아니다. 사람이 사는 육의 세계에서 신도 함께 살아가는데, 산이나 바다와 같은 자연과 생물이나 무생물 안에서도 살아간다. 또한, 신들은 같은 계열의 수많은 신들을 끌어들여 함께 살아가니, 사람의 몸에 신이 하나만 들어와도 그 신과 관계된 신들이 함께 들어온다.

이렇게 사람들은 자신의 몸 안팎에 있는 무수한 신들에게 둘러싸여 많은 영향을 받으며 살아간다. 그러나 사람들은 그러한 신의 영향을 받고 있는 사실조차도 눈치채지 못하며, 신의 영향으로 형성된 성향이나 기질을 자신이라고 믿고 있다.

신들은 무엇을 위해 그렇게 사람의 몸 안에 들어오는 것일까.

첫째, 사람 몸에는 생기가 있기 때문이다.
악신들은 사람의 몸에 있는 생기를 취하며 살아가고, 그 생기를 통해 자기들의 종족들을 생산해 낸다. 그러니 생기가 있는 사람의 몸은 악신에게 더없이 좋은 환경이다.

둘째, 사람에게는 지혜가 있기 때문이다.

신의 세계에서 능력은, 곧 힘이며 지위이기 때문에 악신들은 목적을 이루기 위해 수단과 방법을 가리지 않는다. 그래서 사람의 지혜를 이용하고 자기들이 이루고자 하는 것을 얻어 내기 위해 사람이 자신들의 왕신에게 기도하게 하고 그 결과를 취한다.

셋째, 업을 따라 신들이 들어오기 때문이다.
수많은 윤회 속에 연결된 모든 관계를 연(緣)이라 하며 그로 인해 발생된 행을 업(業)이라 한다. 사람들은 현재가 어떠하든 간에 전생을 통해 무수한 연을 맺어 왔고 많은 업을 지어 왔다. 그러한 연과 업으로 인한 신들이 그 사람에게 찾아든다.

예를 들어 어떤 사람이 전생에 나무를 베어 집을 지은 적이 있으면 그 나무신들이 찾아오며, 식량으로 사용하기 위해 동물들을 잡아 죽였다면 그 동물의 신들이 찾아온다. 이때 찾아온다고 함은 복수하기 위해 온다는 뜻이다. 함부로 살생하지 말라고 하는 것은 이렇게 업으로 인해 발생하는 신들에 의한 살(煞) 때문이다.

넷째, 육을 가지고 살아가는 자체가 신을 불러들이는 행위이기 때문이다.
사람은 먹고 마시고 입어야 하며 기거할 집이 있어야 하는 등 사회인으로서 모든 행위를 해야 한다. 그런 까닭에 먹을 때 들어오는 신, 마실 때 들어오는 신, 입을 때 들어오는 신, 집에서 살 때 들어오는 신, 사회생활을 할 때 들어오는 신 등 삶 자체가 신과 함께인 것이다.

이렇게 사람이 살아가는 동안 신들이 끊이지 않으니 신들을 피할 수는 없다. 결국 사람과 신은 불가피하게 함께 살아갈 수밖에 없는 관계이다. 동전의 앞뒷면이 있듯이 신의 세계와 육의 세계 역시 그러하다.

4. 사람을 지배하기 위한 악신의 위장술

간혹 신을 모시거나 신을 영접했다고 표현하는 사람들이 있는데 자신이 신을 영접했다고 기뻐하기 전에 그 신이 어떠한 신인지를 분별할 수 있어야 한다. 악신들은 위장과 변장에 능하기 때문이다.

사람의 상상을 초월하는 능력 있는 신들이 얼마든지 있으며, 이들은 능력을 이용하여 원하는 대로 그 모습을 바꿀 수 있다. 악신들은 성스러운 모습으로 위장하고 나타나 사람들을 현혹한다. 악신의 추한 모습을 그대로 드러낸다면 사람이 두려워하기만 할 뿐 악신의 말을 들을 리가 없으므로 그 사람이 좋아할 만한 모습으로 위장하는 것이다. 그러하기에 신의 능력에 미치지 못하는 사람으로서는 위장하고 나타난 형상만을 보고 그대로 속아 넘어가기 쉽다.

언젠가 한 번은 신을 본다고 하는 종교인이 자기 집에 천사님이 머물고 있다고 하여 살펴보니, 사탄신이 성스러운 모습의 천사신처럼 위장하고 나타난 경우였다. 그나마 실체를 드러내어 알려 주었기에 다행이었지만, 아직도 많은 사람들이 위장한 악신에게 속아 그 신을 섬기고 기도하며 다른 이들에게 그릇된 신앙과 도를 전하는 것도 모자라서, 감히 크신 전(殿)의 명호(名號)를 함부로 운운하고 있으니 참으로 안타깝고 어리석기 그지없는 일이다.

기도·수도하는 사람 중에는 '신안(神眼)이 열렸다, 영안(靈眼)이 열렸다'라고 하며, 자신이 본 것만을 믿다가 악신의 속임수에 넘어가는 경우가 비일비재하다. 자기의 능력을 믿기에 앞서 악신의 능력이 자신보다 수백 배 내지는 수천 배 이상 높다는 사실을 알아야 한다.

신안과 영안에 대해 말하자면 신안은 자신을 주관하는 신이 보여 주는 것으로 실제의 모습과 다르게 보여지는 경우가 많고, 영안은 오로지 성령으로 잉태된 성신이 임한 사람이 기도를 통해 보는 것으로 악신의 실체를 볼 수 있다. 그러하기에 신의 세계를 보는 데 있어 신안은 영안에 비할 바가 못 되니 오직 영안을 통해서만이 성신과 악신을 분별할 수 있는 것이다.

또 악신들은 위장을 잘하는 것과 마찬가지로 거짓에도 능하다. 사람을 자기의 하수인으로 삼기 위해 많은 유혹을 하는데, 그 사람이 가장 원하는 것을 주겠다고 하며 자기의 말을 듣게 만들고, 말을 듣지 않을 때는 아프게 하거나 풍파를 겪게 하는 식으로 위협하여 자기의 목적을 달성한다. 사람들은 자신을 인정해 주거나 어떤 능력을 준다고 하면 쉽게 현혹되는 경향이 있는데 이런 것에 현혹되어 무턱대고 받아들였다가는 악신의 굴레에서 영원히 벗어날 수 없게 된다.

그러므로 바른 신앙과 도를 이루고자 하는 이라면, 신의 모습과 소리를 정확히 판별하는 분별력을 갖추어야 하며 이를 갖추기 전에는 자신이 보고 들은 것이 옳지 않을 수도 있다고 생각할 줄 알아야 한다. 이러한 분별력만이 악신의 교활한 모사로부터 자신을 보호해 줄 방패가 될 것이다.

5. 신통력의 실체

신과 대화도 하고 신을 부릴 수 있는 능력이 있다고 하는 이들이 있는데 사람이라면 누구나 자신을 주관하는 신이 있기 때문에 그 신과 통하기만 하면 신통력이 생긴다. 그런 이치를 아는 이들은 더 강한 신의 능력을 얻고자 명산대천을 찾아다니며 산 기도를 하기도 한다. 그렇게 해서 신통력이 생기면 신들을 상대하고 부리기도 하는데, 문제는 자신을 주관하는 신이 다른 사람들의 신보다 항상 강할 수는 없다는 것이다.

자신의 신보다 약한 신들이 있는 사람만을 상대하는 경우는 다행이겠으나, 그렇지 못한 경우에는 상대방의 신에게 치임을 당할 수도 있으니 신을 상대하고자 하는 사람이라면 이러한 원리를 잘 알아야 한다.

흔히 기 치료를 한다거나 안수 치료를 한다는 사람 중에는 그 행위 도중에 치이거나 심한 경우 쓰러지는 일도 있다. 이는 자신 안의 신보다 강한 신에게 시비를 걸었다가 호되게 몰매를 맞는 격으로 결국 신의 세계를 이해하지 못하고서 신들을 상대하는 것은 맨손으로 전쟁터에 나가는 것과 같다.

6. 빙의와 수호령

특별한 이유 없이 육체적으로 심한 고통을 겪거나 비정상적인 행동을 하는 사람들을 '신에 씌었다, 빙의가 되었다'라고 말한다. 그러나 사람들은 모두 신의 영향 아래 살아가기 때문에 사람이라면 누구나 빙의 상태나 마찬가지이다. 다만 그 신의 영향이 두드러지게 나타나느냐, 그렇지 않으냐의 차이가 있을 뿐이다.

사람들은 빙의에 대해서는 부정적으로 생각하면서도 자신을 따라다니며 보호해 줄 것이라고 믿는 신들을 수호령이나 수호신, 혹은 수호천사라 하며 막연히 동경한다. 이것은 주관하는 신, 즉 자신 안에서 자신을 지배하는 신에 대해 알지 못해서이다. 물론 주관하는 신이 때로는 그 사람을 보호해 주고 이득이 되는 행위를 하는 경우도 있지만 그러한 행위는 그 사람을 위해서가 아니라, 그 사람이 자기를 더욱 굳게 믿게 하기 위해서이다.

7. 방언과 신

신앙과 도의 길을 가는 사람 중에는 방언(方言)을 하는 이들이 있는데 과연 방언이란 무엇인가? 쉽게 설명하자면 방언이란 신의 언어이다. 한 나라의 언어를 익히면 그 나라 사람들과 대화를 나눌 수 있듯이 하나의 방언에 통하면 그 방언을 사용하는 계열의 신들과 대화할 수 있다. 그런데 신도 신 나름이듯 방언도 방언 나름이어서 악신 계열에 따른 수많은 방언이 있다.

하나님전의 은사로써 내려 주시는 방언을 천문(天文) 방언이라 하는데, 천문 방언은 성령과 성신의 언어이다. 방언을 하되 천문 방언이 아닌 악신과 악령의 방언을 하면 자기 안에 들어온 악신을 더욱 강하게 키우는 행위가 된다. 방언은 그 종류만도 5,000가지가 넘는다. 세상의 각 나라마다 언어의 차이가 있듯이 신의 계열과 계보에도 서로 다른 방언이 있다. 세상의 종교나 구도 단체에는 각각 그곳을 주관하는 신이 있는데 그 주관하는 신이 다르기에 당연히 방언도 다르다.

8. 부적과 신

부적은 신의 힘이나 능력이 들어 있는 그림과 글이라 할 수 있다. 부적은 쓰는 사람 안에 있는 신의 역량에 따라 효력을 발휘하여 효과를 볼 수도 있지만 그 부적의 신보다 더 강한 신이 방해하면 효험이 없다.

부적 또한 신의 영향이므로 결과를 따진다면 신을 섬기는 것이니 형식만 다를 뿐이지 신에게 의지하여 도움을 청한다는 면에서 그 신을 신앙하는 것과 같은 이치이다.

그런데 부적에도 성신의 부적이 있고 악신의 부적이 있으므로 이 또한 잘 분별해야 한다.

9. 세상 종교와 도를 주관하는 신

사람 안에 그 사람을 주관하는 신이 있듯이 세상 종교와 도에도 주관하고 지배하는 신이 있다. 한 종교나 도의 일원이 되면 그 사람은 필연적으로 그곳을 주관하는 신과 연결된다.

이때 그곳이 바른 신앙을 하는 곳이라면 주관하는 신이 성신이시니 걱정할 것은 없다. 그러나 그렇지 못한 경우, 사람이 어떤 종교와 도에 속하게 되면 그곳을 주관하는 신이 자기 부하신들을 보내 그 사람 안에 자리 잡게 한다. 이는 그 사람을 영원히 종속시키기 위함이다. 사람이야 바르게 가고자 하여 그곳을 찾아갔지만, 그 신은 '나를 찾아왔으니 내 소속이다.'라고 하는 것이다.

일단 신의 지배를 받기 시작하면 사람은 자신의 힘만으로는 결코 그 신에게서 벗어날 수 없다. 점점 강하게 영향을 주는 신들에 의해 사람은 바른 판단력을 상실하게 되니, 옳고 그름은 따지지도 않고 무조건 빠져드는 맹신과 광신은 여기에서부터 비롯된다. 그리고 설령 그곳을 떠난다고 하더라도 여전히 그 신의 영향 아래 있게 된다.

10. 종교 전쟁은 신들의 전쟁

세상의 종교는 사랑과 자비를 말하며 평화를 표방한다. 그런데 그러한 사랑과 자비가 정작 자신들에게는 해당하지 않는지, 교리가 다른 종교 간의 분쟁은 여전히 그치지 않고 있다.

이는 종교 간의 분쟁이나 논란에 신들의 싸움이 연관되어 있기 때문이다. 즉, 종교를 주관하는 신들 사이의 싸움이 그 종교를 믿고 따르는 사람들에게 영향을 끼친 결과가 바로 종교 간의 분쟁이다. 신의 세계에서는 서로 계열이 다른 신들끼리 자신의 영역과 세력을 확장하기 위해 사활을 건 싸움을 벌인다. 종교 간의 분쟁 역시 그러하다. 각 종교를 주관하는 신이 다르니 종교가 서로 다른 사람끼리 만나게 되면 각자의 안에 있던 종교의 신이 싸움을 벌이게 되고 사람들은 자신도 모르는 사이에 신들의 싸움에 휘말리게 된다.

즉, 신들의 싸움이 사람들에게 영향을 끼쳐 신들처럼 사람들도 싸우게 되는 것이다. 결국 종교 전쟁은 그 종교를 믿는 사람들만의 전쟁이 아니라 각 종교를 주관하는 신들의 전쟁이라 할 수 있다.

3장 신이 일으키는 병들

1. 유신병, 고질병, 업살병

신으로 인한 병도 여러 종류이다. 병으로 죽은 조상신으로 인해 전해지는 유신병, 신체의 한 부위에 신들이 지속해서 머무름으로써 그 부위의 생기가 고갈되는 고질병, 전생의 업으로 인해 발생되는 업살병, 신이 사람을 부림으로 인해 생기는 정신병 등 수없이 많은 병의 원인을 제공하는 것이 바로 신이다.

2. 전생의 업으로 인한 병

병 중에는 평생 고통에 시달릴 정도로 심각한 경우도 있는데 병을 일으키는 신이 그 사람 전생의 업과 연결된 예가 그러하다. 이러한 경우는 연결된 신들이 원한을 가지고 복수하기 위해 들어왔거나 또 다른 사연이 있어서 들어왔기 때문에 업을 해결하지 않고서는 신들이 몸에서 빠져나가지 않는다.

환자들 중에는 전생의 업과 관련된 신들이 몸 안에 들어와 영향을 끼치는 경우가 많다. 예를 들어 전생에 전쟁터에 나가 사람을 많이 죽인 사람의 경우 그 사람의 몸 안에는 그 사람에게 죽임을 당한 신들은 말할 것도 없고 죽임을 당한 사람의 몸에 들어 있던 신들까지 전부 들어와 있었다.

또 전생에 입은 상해가 이생에까지 이어지는 예도 있다. 한 예로 간질환을 앓는 한 사람을 조사해 보니 전생에 그 사람은 간에 창을 맞아 죽었던 것이 이생에까지 영향을 주고 있었다. 이런 병들을 치유하는 방법은 전생의 업을 찾아내어 그 살을 제거하는 것뿐이다.

그러므로 현대 의학으로 해결할 수 있는 병이 있고 해결할 수 없는 병이 있는데 어떠한 병을 완전히 해결하기 위해서는 세상적인 의술과 신의 의술이 서로 연계해야만 그 해답을 찾을 수 있다.

3. 기 치료의 실상

기 치료니 안수 치료니 하며 환자의 몸에 손을 대고 치료 행위를 하는 사람들이 있는데, 이것은 극히 위험한 일이다. 치료 행위를 하는 사람은 말할 것도 없고 치료를 받는 사람에게도 마찬가지이다.

그러한 치료 행위가 기를 통한 것이 아니라 신을 통한 행위이기에 그러하다. 이는 행위자 안의 신의 힘을 통해서 다른 사람 안의 신을 내쫓는 것과 같은 이치로 환자의 병을 일으킨 신을 내보내는 행위이다.

그런데 문제는 행위자와 환자 사이에서 신들의 교환이 일어난다는 것이다. 대부분의 병은 신의 작용에 의한 것이기 때문에 환자의 몸 안에는 그 병과 연관된 신들이 있다. 환자의 몸에 손을 대고 치료하면 환자의 몸에 있는 신들이 행위자의 몸에 들어가기도 하고 반대로 행위자에게서 환자에게로 들어가기도 한다.

치료 행위를 할 때 행위자의 몸에 있는 신의 능력에 따라 환자의 병이 치료되기도 하고 그렇지 않기도 한다. 그러나 병이 낫든 낫지 않든 행위자는 그 치료 행위로 인해 환자의 몸에 있는 신들을 받게 되고 이것이 점점 쌓이면 종국에는 행위자도 그러한 병에 걸리게 된다. 치료 행위 시에 들어오는 신들을 처리할 능력이 없으면 그 병과 관련된 신들을 몸 안에 쌓아 놓게 되어 후일 자신이 더 큰 병을 얻어 고통을 겪게 된다.

그러므로 행위자는 자기 몸에 들어온 신들을 뽑아내어 처리할 능력이 없다면 섣부른 행위를 하지 말아야 한다. 신의 원리를 모르는 치료 행위는 자신과 남을 다치게 할 수 있음을 명심해야 한다. 환자의 입장에서도 마찬가지이다.

기 치료나 안수 치료를 통해 설령 병이 치료되었다 하더라도 행위자의 몸에 있는 신이 병을 일으킨 신과 교체되어 자기의 몸에 들어와 있다는 사실을 알아야 한다. 당장에는 효과가 좋을 수도 있지만 자신을 치료해 준 사람의 몸에 쌓여 있던 신들도 들어오니 종래에는 더 나쁜 결과로 이어질 수 있다.

결국 기 치료니 안수 치료니 하는 것은 실제로는 환자와 행위자 사이에 이루어지는 신들의 교환이다. 그러므로 이러한 실상을 안다면 함부로 기 치료나 안수 치료라고 하는 행위를 하지 못할 것이다.

4. 후유증, 치료되지 않은 사람신의 고통

사고 후에 의학적으로는 몸이 다 나았는데 계속 아픈 경우를 후유증이라 한다. 그런데 이 후유증이라 하는 것은 신의 개념을 이해해야만 알 수 있다. 예를 들어 교통사고로 다친 경우, 병원에 입원해서 어느 정도 치료를 받고 나면 육은 회복된다. 문제는 자신 안에 있는 사람신이다.

사고가 일어났을 때 자신과 똑같은 모습의 사람신 또한 같은 부위를 다친 것이다. 그런데 육은 온전히 치료되었지만 사람신이 치료되지 않은 경우, 육 또한 그 자리가 계속 아픈 것이다. 그것이 세상에서 말하는 후유증이다.

육이 아프면 사람신이 아프고 사람신이 아프면 육이 아프다. 그러기에 사람신을 치료하지 않으면 육이 후유증으로 고생하게 된다. 그러므로 병을 고치기 위해서는 육을 치료하듯이 사람신도 함께 치료해 주어야 하는데, 이 사람신을 치료할 수 있는 방법은 신술, 즉 신의학뿐이다.

4장 신을 아는 것은 신앙과 도의 기본

1. 신을 아는 것은 신앙과 도의 기본

신앙과 도에 대해 말하는 사람은 많지만 신에 대해 바르게 아는 사람은 극히 드물다. 신을 안다고 말하는 사람도 경전이나 신화에 등장하는 몇몇 신을 제외하고는 그 실체가 잘 알려지지 않은 막연하고 모호한 신들에 대해서만 말할 뿐이다. 그러나 신을 아는 것은 모든 신앙과 도의 기본이니, 신을 알지 못하고서 '신앙한다, 기도한다, 수도한다, 구제 중생한다' 하는 말을 쉽게 해서는 안 되는 것이다. 신을 모르는 신앙과 도는 그 한계가 있기 때문이다.

신의 계열은 그 수가 헤아릴 수 없을 만큼 많으니 한 계열의 신에 대해 파악하려 해도 1,000년 이상이 걸리며 그렇게 한다고 해도 알게 된다는 보장이 없는 것이 신의 세계이다. 이러한 사실을 안다면 감히 자신이 세상에서 배운 기준과 잣대로 신앙과 도를 함부로 판단하고 말할 수 없을 것이다.

따라서 제아무리 큰 원리와 깊은 깨달음을 얻었다고 하여도 신을 모르고서는 아무 소용이 없다. 자신의 감정과 사고에 영향을 끼치는 신의 세계를 정확히 알지 못한다면 그 어떤 신앙이든 도이든 설불리 시작하지 않는 것이 자신을 보호하는 방법이다. 맹목적이고 막연한 기도와 수도로는 십 년이 아니라 백 년을 믿고 따라봐야 아무 소용이 없다.

물론 개인에 따라서는 기적이라고 표현할 만한 기이한 현상을 보거나 체험한 후, 자신이 몸담은 종교나 구도 단체에 대해 더 큰 자부심을 갖게 되었을지도 모른다. 그러나 그러한 현상은 특정 종교나 구도 단체에서만 일어나는 기적이 아니라, 기나 신이 있는 곳이라면 언제 어디서나 일어날 수 있는 일이다. 그런데 세상에서 내세우는 '기'는 실상 '신'인 경우가 많으니, 기의 실체와 종류도 모르면서 무조건 '기를 받는다'라는 것은 '신을 받는다'라는 사실임을 알아야 한다.

종교인이나 구도인이나 무속인 중에 간혹 영검하다는 사람도 있는데 사실 그 능력은 신에게서 온다. 신에 따라 능력의 차이가 있을 뿐 신이 개입되지 않고서는 할 수 없는 행위들로서 '은사를 받았다, 신내림을 받았다, 도통했다, 초능력이 있다' 하는 식으로 다르게 표현할 뿐이다.

누구라도 최고의 신을 섬긴다고 자부하는 사람이라면 신을 추상적·맹목적으로 섬기지 않아야 한다. 자신의 체험과 노력을 통해 바른 신앙과 도를 이룬 이후 다른 이를 인도할 수 있는 것이다. 남보다 조금 능력이 있다고 하여 검증되지도 않은 것으로 '병을 고친다, 사람을 인도한다' 함은 솜털만 한 느낌 하나 주고 몽둥이로 맞게 하는 격이다.

신에 대해 제대로 알지도 못하면서 구제를 빙자하여 기도나 수도를 시킨 후에 상대가 신에 씌어 잘못되면 '시험에 들었다,

수련을 잘못했다, 심도를 제대로 닦지 못했다' 하는 식으로 책임을 전가해 버리니 그 당사자는 하소연 한 번 제대로 하지 못하고 몰매를 맞는 형국이다. 현실이 이러하니 바르게 분별하지 못한 당사자의 책임도 있지만 이러한 피해들은 누가 책임져 줄 것이며 이들을 어떻게 구제해 줄 수 있겠는가.

결과적으로 상대에게 신에 의한 피해를 입게 하니 자신도 이루지 못하면서 남을 구제한다는 것 자체가 모순이다. 백 가지 중의 하나를 안다고 하여 그것이 전부인 양 자신의 주장만을 되풀이하고 있으니 이러한 행위가 신앙과 도의 결과가 되어서는 안 된다. 그러므로 다른 이에게 '회개하라, 참회하라'라는 말을 하기 이전에 자기 자신부터 구제해야 한다. 다시 말해 구제 중생이나 구원은 자신부터 해야 하는 것이다.

2. 사람으로 태어난 의미

병과 신

사람이 살다 보면 여러 가지 일을 겪게 된다. 그중에서도 사람에게 가장 큰 영향을 미치는 것은 역시 건강이라 할 것이다. 그런데 외부의 충격으로 인한 외상인 경우를 제외하고 대부분 사람의 병은 신과 관계가 있다.

사람이 느끼건 느끼지 못하건 신과 사람은 함께 살아간다. 전생이나 현생에서 해를 입혔건 해를 입었건 간에 관련된 모든 것들이 사람의 몸에 신으로 들어와 있다. 살생을 금하는 이유도 여기에 있는데 죽임을 당하면 신이 되어 복수하기 위해 찾아오기 때문이다.

그리고 사람은 몸에 있는 여러 신들로 인해 정신적·육체적으로 많은 영향을 받게 된다. 병든 신이 몸에 들어왔다면 그 신의 처지에서야 전생의 인연에 의해 들어온 것이지만 사람은 원인도 모른 채 그 신과 똑같은 병으로 고통을 받게 된다. 그러다가 그 병으로 죽게 되면 그 사람 역시 똑같은 병을 지닌 사람신이 되어, 후손을 찾아가게 되고 그러한 일들이 반복되니 병이 계속 돌고 돈다.

현실이 이러함에도 신의 존재를 믿지 못하고 신에 대한 논의조차 미신이라고 치부한다면 병에 대한 근본적인 해결 방법은 영원히 찾을 수 없다. 현대 의학으로 고치기 힘든 병이라면 의술과 신술이 서로 협력할 때 더 많은 이들을 고통에서 구할 수 있을 것이다.

그러나 기 치료나 안수 치료라는 행위를 하는 사람들은 병을 고쳤든, 고치지 못했든 간에 일단 사람에게 손을 대면 상대의 병이 자신에게 침투됨을 알아야 한다. 상황이 이러함에도 자신의 작은 능력만을 믿고 사람을 치료한다고 함은 신의 원리를 모르니 할 수 있는 것이지, 이를 안다면 함부로 행할 수 없을 것이다.

전생과 신

사람으로 태어난다는 것이 그리 쉬운 일이 아니기에 전생에 사람으로 태어났을 가능성은 거의 드물다. 세상에서 말하는 전생도 실상 사람의 것이 아닌 사람 안에 있는 신의 전생인 경우가 대부분이다.

누군가 그 사람의 전생을 알아내어 전생에 얽힌 것을 풀어 주니 현생에서 겪고 있는 어려움이 해결되었다고 하는 경우가 있는데, 이는 그 사람 안에 있는 신이 원하는 것을 들어준 대가이다. 이러한 경우 그 사람을 아프게 했다면 아픈 것이 나을 수도 있고 집안에 문제를 일으켰다면 그 문제가 해결될 수도 있을 것이나 그것이 전생에 관련된 문제는 아니다.

만약 또 다른 전생을 알아본다면 또 다른 신이 나서게 되니 사람은 다시 그 신의 술수에 속게 될 것이다. 결국 그런 식이라면 평생 전생을 조사한다고 해도 자신 안에 있는 신들에게 끌려다니기만 할 뿐이다.

사람으로 태어남은 다시 없는 축복이며 기회이다. 축복이라 함은 이 땅의 생명체 중 오직 사람만이 바른 신앙과 도를 이룰 수 있기 때문이다. 자기 의사를 표현할 수 있는 언어와 행할 수 있는 의지를 통해 바른 기도와 수도를 하여 그 힘으로 악신과 싸워 이겨나간다면 자신은 구제받을 수 있다. 그러한 연후에 바른 신앙과 도로써 하늘도를 익혀 더욱 정진한다면 하늘의 천군천자가 될 수 있다.

그렇게 되면 더 이상의 윤회 없이 하늘의 신계에서 영원히 살 수 있으니 그것이 바로 신으로서의 영생이다. 세상에서는 흔히 영생이라 하면 이 땅에서 천년만년 사는 줄 아는데, 그러한 육의 영생은 없다.

바른 신앙과 도를 통해 하늘도를 이루어 성신으로서 하늘로 올라오라 하셨음이니, 이때 이 시기가 처음이자 마지막 기회이다. 수수만년의 세월을 윤회해 오며 마침내 얻게 된 기회이니, 제아무리 세상의 명예와 권력이 좋고 재물이 많다고 한들 지금 사람으로 태어난 기회를 얻지 못한다면 생을 마감하고 또다시 끝없는 윤회의 길을 가야 한다. 게다가 몇만 년이 될지 몇천만 년이 될지도 모르는 세월을 윤회한다고 하여도 다시 사람으로 태어난다는 것은 거의 불가능한 일이다.

사람이 살아가는 백여 년의 삶은 엄마 뱃속에서의 열 달에 비유할 수 있다. 태어나기 전의 열 달을 잘 지켜주어야 태어난 후에 건강한 삶을 살아갈 수 있듯이 사람으로 살아가는 백여 년 동안에 신의 세계의 삶을 잘 준비해야 한다. 그런데 이 소중한 때를 소홀히 하며 이생을 마치니 신의 세계에서의 삶이 고통의 나날이다. 인생 백여 년이 길다고 하며 헛되이 낭비한 결과이다.

그러므로 사람은 현재의 삶이 얼마나 소중하고 귀중한지를 깨달아 반드시 지켜야 하며 처음이자 마지막으로 얻게 된 기회를 절대 잃지 말아야 한다.

정도와 신

사람들은 진실이라 하여도 자신이 이해하지 못하면 잘 인정하려 하지 않는다. 이 또한 사람이 정도를 이루는 것을 방해하기 위한 악신들의 모사에 그 원인이 있다. 만약 사람이 정도를 이룬다면 악신들의 실체를 알게 되어 그동안의 술수로는 현혹되지 않을 것이니 종국에는 악신들이 머물 자리조차 없게 되기 때문이다.

그러한 까닭에 악신들은 수단과 방법을 가리지 않고 사람이 정도를 이루는 것을 막고 있으며 사람들은 그러한 방해를 그대로 받고 있다. 자신의 앎이 진실되며 바르다고 믿을 수도 있을 것이나 악신의 영향 아래에 있는 한 진실에는 한 발짝도 다가서지 못하는 것이다.

정도란 말 그대로 바른길이다. 진정한 바른길이라면 단지 하나의 길뿐인 것을 세상에서는 그토록 많은 길을 제시하여 정도의 길보다는 다도의 길로 사람들을 미혹시키고 있으니, 결국 반드시 가야 할 바른길을 알 수도 찾을 수도 없다.

육과 신, 인류

어떤 신들은 사람에게 무언가를 알려 주고 산이나 바다로 끌고 다니며 기도·수도를 시키는데 그것은 신들이 사람을 이용하여 자기의 능력을 키우는 것이다. 그러다 그 사람을 통해 더 이상의 능력을 얻을 수 없다고 판단되면 신들은 미련 없이 그 사람을 떠나 새로운 곳으로 찾아간다. 그동안 자신 안에 머물고 있던 신의 힘으로 약간의 능력을 행사하던 사람은 어느 날 갑자기 아무것도 남지 않고 텅 비어버린 듯한 자신의 존재를 느끼게 된다.

그런데 신들은 왜 그렇게 능력을 필요로 하는 것일까? 신의 세계에서 능력은, 곧 지위와 권력이며 수명 연장을 위한 원기이기도 하다. 오래 살고 싶어 하는 욕망이나 권력을 차지하고자 하는 야망은 사람이 살아가는 현실의 세계보다 더하면 더했지 덜하지 않다. 악신들은 그 역량에 따라 사람들을 이용하고 있으며 유신론자든 무신론자든 관계없이 신들은 들어오니, 이는 신들의 선택이지 사람의 의지와는 상관없다.

앞으로 이러한 일들이 더욱 많아지게 될 것이다. 하늘의 심판히심을 피하여 쫓겨 내려온 악신들이 숨을 곳을 찾아 산과 바다, 땅속과 사람들의 몸속까지 숨어들었기 때문이다. 이로 인하여 전 인류가 이 악신들의 영향으로 더 많은 혼란을 겪게 될 것이며, 그로 인해 인류에게 많은 시험이 다가올 것이다.

하나님전에서는 이때 이 시기에 사람들에게 마지막 기회를 주시어 영성을 깨닫게 하시고자 알리라 하심이다. 만약 이때마저도 깨닫지 못한다면 인류의 미래는 결코 밝지 못할 것이니, 이제는 잠에서 깨어야 할 때이다. 지금 이때가 바로 기회의 시기임을 알아야 한다. 수천 년 동안 예언하고 예비하며 계시한 그때와 그 시기가 지금 우리가 살고 있는 이 시대이다.

이때와 이 시기를 알리기 위해 또 예비하기 위해 많은 예언가와 예언서들이 존재해 온 것이다.

3. 하늘법과 세상법은 다르다

이때 이 시기를 대비하여 하늘께서 모든 것을 예비하시니, 이는 사람이 바른 기도와 수도로써 하늘도를 이루어야 한다고 하심이다. 성령으로 잉태되어 성신으로 거듭남을 알고, 하늘의 천군이 되어서 악신과 직접 싸워 승리하여 육을 떠나 하늘에 오르면 그 공을 인정하시어 후천의 하늘에서 영원히 살게 한다고 하심이다. 이것이 바로 하늘법이다.

자신의 사람신이 성신이 되어 하늘에서 영원히 사는 것이 바로 영생이다. 이것이 바로 후천의 천년왕국으로, 육으로서 천년을 산다는 뜻이 아니라 모든 윤회의 굴레에서 벗어나 후천의 하늘나라에서 영원히 살게 된다는 뜻이다.

그러므로 인생 백 년은 세상의 삶을 위한 것이 아니라 바른 기도와 수도를 통해 하늘도를 이루어 영생할 수 있는 기회의 세월이다. 진실이 이러함에도 세상에서는 그 바른 뜻을 알지 못하면서 극락왕생을 운운하고 믿기만 하면 천당에 갈 수 있다고 말한다. 진정 하늘법의 무서움과 두려움을 안다면 섣불리 말하고 행하지 못할 것인데 모르니 그리들 하는 것이다.

예로부터 우리 민족은 하늘을 신앙하며 천제를 지내 온 천손민족이다. 하나님의 명호는 본래 우리 민족이 섬겨왔던 명호이다. 그러한 역사가 있기에 우리 민족은 바라는 바가 있을 때 무의식적으로 '하나님, 하느님, 하늘님'을 찾는 것이다.

이제 우리도 뿌리를 찾아야 한다. 자부심과 자긍심을 지닌 천손민족으로서 우리의 하나님을 찾아야 한다. 유불선 삼도가 하나 되어 하늘에 대한 신앙과 믿음이 구심점을 이룬다면 우리나라가 세계의 지도국이 될 것이며 세계 인류의 구원국이 될 것이다.

종교는 사람이 세운 세상법이며 세상교이지, 하늘법에는 종교가 없다. 하늘법은 오직 하늘에 대한 믿음과 순종과 충성의 신앙만이 있을 뿐이며, 그 신앙 안에서 기도와 수도로써 하늘도를 이루이기는 것이 바로 하늘법에 따르는 길이다.

이러함을 알리는 것은 신에게 종속되어 살아가는 사람에게만 알리고자 함이 아니다. 사람 안의 영들에게도 알리는 것이니 오직 영만이 '태초의 하나님전'과 하늘의 역사를 기억하고 있으며 성신과 악신을 분별할 수 있기 때문이다. 육과 신은 거짓을 말하고 행할지라도 영은 절대 거짓됨이 없다. 그러므로 자신의 영이 깨어나서 초월적인 의지를 세워야 비로소 하늘도를 찾을 수 있다.

하나님전에서 사람에게 기회를 주심은 오직 이러한 영들을 위하심이다. 태초에 창조하신 영들을 위해 기회를 주시어 '스스로 찾아오라.' 하시는 크고 크신 은혜와 은총이시다. '모르는 것도 죄가 된다.' 하심은 알고자 한다면 어떠한 길을 통해서라도 알려 주심인데 스스로의 노력이 부족하니 이 또한 잘못이라고 하심이다.

우리 민족은 축복받은 민족이니, 이는 하나님의 은혜와 은총과 은사가 함께하시기 때문이고, 우리 민족이 인류 구원의 출발점이며 동시에 마지막 등불이 될 것이기 때문이다. 이렇듯 하나님전에서는 심판을 예비하시면서도 인류 구원의 불씨를 함께 남겨 주심이다.

종말과 심판은, 곧 사람의 어리석음으로 인하여 일어나는 것이다. 사람들이 악신들에 의해 스스로 자멸하는 것이 종말이며, 하나님전에서 세우신 하늘법을 따르지 않음에 이 땅을 새롭게 창조하시는 것이 심판이다.

이제는 사람들이 이 땅의 세상법이 아닌, 하늘법을 바르게 알고자 찾는 노력을 해야 한다.

제3부
기(氣)와 영(靈)

1장 기

기를 설명하기 이전에 신(神)의 개념에 대하여 다시 한번 요약하자면,

신의 세계는 기의 세계이다. 모든 생명체나 비생명체에는 보이지는 않지만, 그와 똑같은 모습으로 존재하는 기의 형체가 있는데, 이것이 바로 신이다. 신은 물체(物體)가 아닌 기체(氣體)로 이루어진 존재로 사람의 육안(肉眼)으로는 보이지 않으나 일정한 모습을 하고 생명체와 같은 행위를 한다. 흔히 넋, 영, 귀신, 영혼, 정령, 영령이라 불리는 것들이 모두 다 신을 말하는 것이다.

사람에게만 신이 있는 것이 아니다. 사람을 비롯해 동물, 식물, 사물 등 모든 생명체나 비생명체에는 신이 있다. 사람에게는 사람신, 동물에는 동물신, 식물에는 식물신, 사물에는 동토신이 있다.

사람이 살아있을 때는 사람의 육과 동일한 형태인 사람신이 함께 살아가지만, 사람이 죽으면 사람의 육은 죽어있는 상태의 육체로만 존재하고 그 육체에서 사람신이 빠져나오게 된다. 마찬가지로 동물이 죽으면 동물신이 빠져나오고, 식물이 죽으면 식물신이 빠져나와 신의 세계로 간다. 물체도 깨지거나 분해되면 그 물체의 형상을 지닌 동토신이 생겨나서 신의 세계에 합류하게 된다.

이렇게 지상 세계의 복제판과 같은 모습이 신의 세계에서도 존재하고 있으며 무엇보다도 사람들을 조종하고 지배하는 악신들 또한 신의 세계에 존재하고 있다. 그러므로 악신들의 지배로부터 벗어나기 위해서는 반드시 신계를 알아야 하기에 이와 관련된 자세한 설명을 하고자 한다.

1. 기는 생명이고 에너지이며 능력과 힘

기는 생명이고 에너지이며 능력과 힘이라 할 수 있다. 기의 종류는 크게 천기(天氣), 지기(地氣), 수기(水氣), 인기(人氣)로 나눌 수 있다. 천기는 천지만물을 창조하신 하나님전에서 주관하시는 성령과 성신의 기와 천체(天體)의 기로서 하늘에서 운행되는 기를 통칭하며, 이 땅의 모든 생명체는 이러한 천기인 해와 달과 별 등의 기운을 받아 생장하고 번성한다.

천기(天氣)는 하나님전에서 내려 주시는 은사이시다. 이 땅에 천기를 내리심은 모든 생명체의 생장을 위함이며, 특히 사람에게 내리실 때는 그 사람을 통하여 어떠한 사명을 이루게 하려 하심이다. 그러므로 천기는 하나님전에서 내려 주지 않으시면 그 어떠한 행위로도 받을 수가 없다.

지기(地氣)는 산천초목의 기로서 이 땅의 자연으로부터 나오는 모든 기를 말한다. 그러나 기에도 사람에게 이로운 기와 해로운 기가 있다. 예를 들어 같은 흙이라 하더라도 황토에 담긴 좋은 기가 있는가 하면 박토에 있는 안 좋은 기도 있다.

그러므로 기를 받는다고 하더라도 막연히 받을 것이 아니라, 수많은 기 가운데 과연 자신이 받으려는 기는 어떤 종류인지, 어떠한 목적으로 쓸 것인지, 설령 기를 받았다고 하더라도 자신이 그 기를 사용할 수 있는지부터 파악해야 한다. 그러한 것을 알지 못하면 아무리 큰 기가 연결되었다고 한들 자신에게는 아무런 소용이 없을 수도 있으며 오히려 큰 해가 될 수도 있다. 기를 받는다고 하면서 어떠한 느낌과 현상만으로 기를 받았다고 생각하겠지만, 정작 자신이 원한 기는 받지 못하고 원치 않은 신이 들어올 뿐이다.

초목에는 생기가 있지만, 생기를 받지 못하면 나무신이나 풀신 등이 들어오게 되는데, 이 풀신은 암(癌)을 유발하는 원인이 되기도 하므로 기와 신을 바르게 분별하지 못한다면 함부로 기 받는 행위를 하지 말아야 한다.

실례로 한 젊은이가 산 기도를 다녀온 이후, 수족이 마비되어 가족이 데려온 경우가 있었다. 살펴보니 큰 산(山) 구렁이신이 그 젊은이의 몸을 칭칭 감고 있어 그 때문에 일어난 현상이라고 알려 주었더니 젊은이의 가족들은 그들의 종교적인 교리를 내세우며 세상에 그런 신이 어디 있냐고 크게 화를 내며 자리를 떠났다.

원인과 해결 방안을 알려 주어도 받아들이지 않고 가버렸는데 후일 들으니, 그 젊은이는 한창나이에 세상을 떠났다고 하였다. 그러한 책임을 당사자가 져야 하는 것인지, 가족이 져야 하는 것인지, 아니면 구렁이신이 져야 하는 것인지 안타까울 뿐이었다.

이렇듯 기도를 잘못하게 되면 기를 받는 행위가 되고, 기를 함부로 운용하면 기가 아닌 신이 들어와서 자신은 물론 타인에게도 심각한 피해를 줄 수 있음을 알아야 한다. 그러함에도 기에 대한 지식과 상식이 너무도 부족하여 함부로 행위 하는 경우가 비일비재하니 기에 대한 바른 지식을 갖추어서 더 이상의 잘못된 행을 하지 말아야 한다.

수기(水氣)는 물과 관련된 모든 것에서 나오는 기를 말한다. 수기의 경우도 역시 기를 받느냐 신을 받느냐에 따라 큰 차이가 있다. 바다에 가서 조수(潮水)의 기나 파도(波濤)의 기를 받는다면 더할 나위 없이 좋겠지만 어족신 등이 들어오면 그 영향으로 여러 어려운 현상을 겪게 될 수 있다.

또 한 사례로 어떤 사람이 바다 기도를 다녀온 후로 몸이 자주 뒤틀린다며 찾아온 경우가 있었는데, 상당한 크기의 문어신이 그 사람의 몸에 들어와 있었으며 문어신이 움직일 때마다 그 사람의 몸이 뒤틀리는 현상을 보인 것이었다. 그러한 모습을 보며 사람이 얼마나 나약한 존재인가 하는 씁쓸함으로 사실을 그대로 이야기해 주었더니 자기는 장군신을 모시고 있어 그런 해괴한 신이 자기 몸에 들어올 리가 없다면서 펄쩍 뛰었다.

그러더니 얼마 후에 다시 찾아와서는 무턱대고 그 문어신을 뽑아 달라고 하기에 본인이 바르게 기도한다면 도와주겠다고 하였더니, 그 사람이 말하기를 도가 높은 사람이 뽑아주면 금방 해결될 텐데 자기더러 기도해서 해결하라는 말이 어디 있느냐고 하며 억지를 부렸다. 그래서 본인의 기도는 본인이 정성으로 직접 해야 한다고 알려 주면서 나는 도와주는 사람이지, 신을 무작정 뽑아주는 사람이 아니라고 하였는데도 그는 이해하지 못했다.

어찌 되었든 기도 중에 원치 않는 신을 받게 되었더라도 그 신을 내보내기 위해서는 무엇을 해야 하는지도 어떠한 노력을 해야 함도 모르면서, 그 신에게 무조건 나가라 한다고 순순히 갈 것 같으면 무엇 하러 사람의 몸에 들어왔겠는가. 그나저나 용궁에는 좋은 기도 많던데 하필 문어신이라니, 아무래도 그 사람은 바다 기도를 가서 용왕님에게 밉보이지 않았나 하는 생각이 든다.

지금까지 지나오면서 여러 복잡하고 무서운 신들의 사례도 많이 보아왔지만 되도록 거부감이 없는 사례를 들려고 한다.

인기(人氣)는 하늘 사람의 향내이다. 사람 사이의 조건 없는 사랑만이 인기이니, 서로의 마음이 통하지 않으면 받을 수 없는 것이 인기이다. 하늘에서 내려 주시는 천기에는 조건이 없듯이 이 땅에도 서로가 서로에게 조건 없이 베풀어 줄 수 있는 인기가 있다. 그러함에도 하늘에서 이루신 조화와 질서가 이 땅에서 이루어지지 않음은 이러한 인기가 통하지 못하는 세상이기에 그러하다.

2. 악신의 기, 악기(惡氣)

이 땅의 모든 만물은 천기를 받으며 자연의 기에 의해 운용되고 있었는데, 악신들이 개입됨으로써 악기라는 개념이 생겨났다. 이때 악기는 악신 그 자체이며 악신의 기운이다.

악신들은 그러한 기운을 통해 사람의 몸에 들어가기도 하는데, 이때 각종 질환으로 고통을 호소하던 사람들은 그 기운과 함께 들어온 힘센 악신이 그 질환과 관련된 신들을 제압함으로써 병이 낫게 되는 등의 여러 현상을 느낄 수도 있다.

그러나 악신들은 결코 아무런 대가 없이 무언가를 해결해 주거나 베풀어 주지 않는다. 사람이 악신의 능력으로 병을 고쳤거나 어떤 문제를 해결하였다면 그 사람은 그만큼의 대가를 반드시 치러야 한다. 이처럼 사람은 자신도 모르는 사이에 악신들의 목적을 위해 이용당할 수밖에 없으므로 당장은 효과를 본 것에 만족할지는 모르나 그다음의 결과는 좋지 않다.

사람이 악신의 기운을 받아 이룬 능력은 그 사람을 주관하는 신의 것이어서, 그 능력은 해당 악신이 머무르는 동안에만 행사할 수 있는 것이며, 그 신이 떠나면 능력 또한 함께 사라지게 된다.

사람들이 일반적으로 생각하는 기는 기가 아니라 신인 경우가 대부분이니, 기를 받으려 하면 그때 신도 같이 따라 들어간다.

간혹 사람들은 나무의 생기를 받기 위한 행위를 하는데, 자신은 나무의 생기를 받고자 한 것이지만 정작 받게 되는 것은 나무의 생기가 아닌 나무에 머물고 있는 좋지 않은 신들로, 나무에 독사신이 머물고 있다면 기 받는 행위를 할 때 그 독사신이 자신에게 들어오는 것이다.

많은 사람들이 기라는 것을 자신이 원하면 아무 때나 받을 수 있는 것으로 쉽게 생각하는데, 이는 잘못된 것이다. 기와 신을 분별할 수 없는 상태에서 기를 받겠다고 하는 것은 극히 위험한 행위인데, 이는 기를 받고자 하였으나 좋지 않은 신만 잔뜩 들어오는 경우가 많기 때문이다.

3. 기의 능력은, 곧 신의 능력

신의 세계는 기로 이루어진 세계이기 때문에 모든 것이 기의 능력과 힘에 따라 좌우된다. 신의 능력은 그 신이 어떠한 기를 어느 정도 운용할 수 있느냐에 따라 정해진다. 고차원의 기를 지니면 고차원의 능력과 힘을 사용하지만, 저차원의 기에는 능력과 힘이 거의 없다. 그런데 도의 개념을 알지 못한 채 신의 세계로 편입된 사람신들은 아무런 능력도 갖추지 못하여서 모든 신들 중 가장 힘이 약하기에 비참한 운명을 피할 수 없다.

신의 세계에서 겪게 될 고통에서 벗어나기 위해서는 육으로 살아갈 때 악신과 싸워 이길 수 있는 능력과 힘을 길러야 한다. 그런데 사람이 온갖 도술, 도법, 마술, 마법을 행사하는 악신을 물리치기란 결코 쉬운 일이 아니다. 오직 하나님전에서 내려 주시는 천기인 성신의 기를 받아야만 그 능력과 힘으로 악신을 물리칠 수 있다.

4. 한곳에 머무르지 않는 기

기는 결코 한곳에 머무르지 않으며 계속 순환한다. 기가 모여 특정한 형상을 이루어 생명체로서의 행위를 하는 것이 신이다. 신의 형체가 된 기는 신으로서의 형태를 유지하다가 신이 죽을 때 다시 흩어진다. 이는 사람이 죽어 땅에 묻히면 육이 흙으로 화하는 것과 같은 이치로, 육의 재료인 물질과 신의 재료인 기의 차이만 있을 뿐이다.

우주와 자연은 끝없는 생장과 소멸을 반복하므로 기는 모이면 언젠가는 흩어지고 흩어지면 언젠가는 또 모이게 되며, 결코 한곳에 영원히 머물러 정체되어 있는 것이 아니라 일정 기간 필요한 곳에 머물 뿐이다.

간혹 어떠한 행위를 통해 기를 받아 몸에 기가 가득 차 있다고 말하는 이들이 있는데, 기가 자신의 몸에 일시적으로 머무른다고 하여 자신이 그 기의 주인이라고 생각하는 것은 크나큰 착각이며 자만이다. 더구나 기는 사람의 의지대로 움직여지는 것이 아니니, 기가 일시적으로 차 있을 수는 있어도 어느 한 곳에 지속해서 머물지는 않는다.

또한 기를 몸 안에서 돌린다고 하는 이들도 있는데, 이는 기의 성질을 모르고 하는 행위로써 기는 돌린다고 해서 돌아가는 것이 아니다. 사람에게 기가 흐르지 않으면 육은 한순간도 보존될 수 없으며 육을 유지하기 위한 기는 혈액이 혈관을 돌듯 항상 흐르고 있다.

그러므로 기를 강제로 돌리려 시도하는 것은 몹시 위험한 일이다. 그러한 행위로 설령 기가 돌아간다고 하더라도 오히려 기의 순환을 역행시킴으로써 자신이 크게 다칠 수도 있다.

그리고 사람 몸의 단전은 신들의 집이자 생산 장소이니, 단전 수련이라고 하는 것은 신들이 자리 잡을 수 있는 더 좋은 여건을 만들어 주는 행위일 수 있음을 알아야 한다.

5. 빛보다 빠른 기

하늘에 기도를 드린다고 함은, 자신의 기원이 하늘에 상달되어야 한다. 그런데 '태초의 하나님전'이 계시는 곳은 처음으로 창조하신 1우주이며, 우리가 사는 이곳은 열여섯 번째로 만들어진 16우주에 있는 지구로, 우주와 우주 사이의 거리만 해도 수 억겁이 넘고 1우주로부터 16우주까지의 거리는 수조 억 광

년으로 상상조차도 할 수 없으니 자신의 기도가 어떻게 하늘에 상달될 수 있을 것인가.

그토록 멀고 먼 하나님전에 자신의 기도가 상달되려면 빛보다 빠른 기의 통신이 있어야 하는데, 이는 오직 천기를 통해서만이 가능하다. 다시 말해서 천기를 통해야만 기도가 상달되며 바른 신앙과 도를 이룰 수 있는 것이다.

6. 기의 실체는 과학으로 측량할 수 없다

기에 대한 사회적 관심이 급증하면서 일부에서는 기를 측정하는 기계를 제작하여 기의 실체를 분석하고 증명한다고도 하는데, 이는 기에 대해 바르게 알지 못하여 나온 발상이다. 기의 세계는 사람의 오감을 뛰어넘는 세계이며, 기는 창조의 근원으로서 과학 또한 기의 원리를 통해 만들어진 것이다. 그런데도 기의 세계를 과학으로 입증하겠다는 것은 원시인들이 자신들의 도구로 현대 문명을 파악하고 평가하겠다는 것과 다를 바가 없다.

기의 실체는 도를 구하고 이루는 과정에서 점점 깨달아 알게 되는 것이지, 과학으로 측량하고 평가할 수 있는 것이 아니다. 기는 그 종류만 해도 일만 이천 가지가 넘고 세분화하면 더욱 많은 기들이 있는데, 이러한 기의 실체를 파악하기란 쉽지 않은 일이다.

7. 바른 신앙과 도는 오직 천기를 통해

바른 신앙과 도를 이루고자 하는 이라면, 천기를 통해 능력과 힘을 키워야 한다. 바른 기도와 수도로써 각 과정을 하나둘 통과해 가며 막힌 것은 뚫어내고 얽힌 것은 풀어내어 자신의 도를 높이는 것이다.

그 과정에서 환자를 치료할 수 있게 되거나 관법(觀法) 등의 능력이 생길 수도 있지만, 그러한 능력이 목적이 되어서는 안 된다. 중요한 것은 바른 신앙과 도를 통해 자신이 하늘도를 이룰 수 있느냐 하는 것이지, 능력을 나타내고 보여 줄 수 있느냐 하는 것이 아니다.

능력만을 탐하는 마음은 사사로운 욕심에서 나오니, 바른 신앙과 도는 바른 마음을 갖추지 않고서는 이룰 수 없다. 능력을 목적으로 하는 기도와 수도는 오히려 나쁜 결과를 초래할 수 있기 때문이다.

하늘에서는 아무 조건 없이 이 땅에 필요한 천기를 내려 주시고 베풀어 주신다. 천기를 내려 주지 않으신다면 사람이 어떻게 숨을 쉬고 따뜻한 양지에 몸을 누일 수 있으며 일용할 양식을 구할 수 있겠는가. 쌀 한 톨도 물과 햇볕이 없이는 자라지 못함이니, 하늘의 베푸심에 항상 감사드려야 한다.

사람들은 다른 이에게서 조금만 도움을 받아도 고맙다는 인사를 하면서, 어찌하여 하늘에서 베풀어 주시는 조건 없는 사랑과 은혜에 대해서는 한 마디 감사의 말조차 없는지 생각해 보고 또 뉘우칠 일이다.

그동안 세상에서는 사랑과 자비와 덕을 베풀어야 한다고 수백, 수천 년간을 강조해 왔다. 표현만 다를 뿐 모두 다 같은 말인데 어느 한쪽도 이루어지지 않은 것은 서로 화합하지 못하고 자신들의 것만이 옳다고 주장하기 때문이다. 인류와 세상을 구한다고 하면서도 정작 그들이 해 온 일이란 각 파로 나뉘어 자신들의 교리와 이권만을 주장하며 싸우는 역사만을 되풀이해 왔다. 이처럼 하늘에서 조건 없이 베풀어 주시는 사랑과 땅에서의 사랑은 천지 차이인 것이다.

8. 우리 대한에 내리시는 천기의 은사

하늘에서 이때 이 시기 대한민국에 천기의 은사를 내려 주심이다. 이전에도 없었고 이후로도 영원히 없을 단 한 번뿐인 하늘의 도가 우리 대한에서 이루어지고 있음을 알리고자 한다. 지금까지는 세상의 도만 있었으나 이제는 이 땅에서 하늘의 도가 이루어지는 시기가 온 것이니, 이 시대를 살고 있는 우리는 이전에도 없었고 이후에도 없을 가장 축복받은 사람들이다. 이 한때와 한 시기에 바로 알지 못한다면 앞으로는 영원히 찾을 수 없다.

또한 지금 이때가 악신들이 가장 창궐하는 시기임에 천기의 은사로써 하늘도를 익혀 악신과 싸워 스스로 이루어 오라 하심이다. 이때 이 시기에 천기의 은사로써 거듭난 이들이 바로 일만 이천 도통군자이며 천군천자인 것이다.

바로 이러한 것을 알림이니 자신의 영성(靈性)을 찾아 바르게 이루기를 바라는 마음이다.

2장 영

'태초의 하나님전'에서 창조하신 영은 하늘의 명과 법이 없이는 죽지 않는다. 육과 신은 언젠가는 죽게 되지만 영은 영원히 살기에 영생이라 한다. 또한 영은 생명의 근원으로 모든 생명의 씨앗이다.

생명체이든 비생명체이든 하나의 형상이 존재하면 그 안에 그와 똑같은 모습의 기로 이루어진 형체가 존재하는데, 그러한 기체를 신이라 한다. 영은 그 신 안에 머물며 신의 주체가 되는 존재이다.

신도 육처럼 영원히 사는 것이 아니며 언젠가는 소멸한다. 신이 죽으면 그 신 안에서 민들레 홀씨와 같은 모습 하나가 연기처럼 빠져나오는데, 그것이 바로 영이다. 빠져나온 영은 바람 따라 물 따라 자연에서 흐르다가 어느 자리에 붙으면, 그곳에서 다시 태어난다. 이렇게 영의 삶은 반복되며, 이것이 바로 윤회(輪迴)이다.

현재를 살아가는 사람은 누구나 돌, 나무, 풀, 어족, 동물, 사물, 곤충 등 무수히 많은 육과 신의 옷을 갈아입는 과정을 거쳐 왔다. 이러한 전생을 거쳐 온 실체가 바로 영이다. 자신의 전생과 현생, 후생의 씨앗이 육도 아니고 신도 아닌 바로 영인 것이다.

영은 탄생 이후부터 끊임없이 이어져 온 전생의 모든 기억과 정보를 담고 있기에 그야말로 진정한 자신이라 할 수 있다. 이러한 영을 모르고서는 결코 자신을 안다고 할 수 없으며 창조의 원리는 더더욱 알 수 없으니, 기도와 수도를 한다고 하며 아무리 많은 노력을 하여도 그 무엇도 이룰 수 없다. 결국 영을 모르고서는 그 어떠한 사람도 삶의 이치를 알 수도 깨달을 수도 없는 것이다.

사람들은 자신의 영과 단절된 채 살아가고 있으니, 진실을 알리는 영의 외침을 듣지 못한다. 그러므로 진실한 삶을 구하고자 한다면 자신의 영성을 찾아야 한다. 여기서 영성이라 함은 영의 소리를 들을 수 있는 열린 마음을 의미한다. 하지만 본성(本性)은 본신을 따르는 것이다.

1. 영은, 곧 자신이다

사람이 죽으면 그 모습 그대로의 사람신이 나온다. 사람신은 악신에 의해 죽임을 당하지 않는 이상 500년에서 1,000년 정도의 세월을 신의 세계에서 살아가야 하는데, 힘없는 사람신의 고생은 이루 말할 수가 없다. 그러다 사람신이 생을 다하면, 그 순간 신의 모습은 사라지며 죽은 신에게서 영이 빠져나온다. 즉, 육이 죽으면 신이 나오고 신이 죽으면 영이 나오는 것이다.

신의 수가 헤아릴 수 없이 많으니 죽음을 맞이하는 신은 또 얼마나 많을 것이며 그러한 신들에게서 빠져나온 영은 또 얼마나 많겠는가.

그런데 영은 신과는 달리 특정한 형상도 힘도 없다. 민들레 홀씨와 비슷한 모습으로 연기처럼 떠돌며 바람 따라 구름 따라 흐르다 붙는 곳이 후에 태어날 윤회의 자리로서 나무에 붙으면 나무로, 동물에 붙으면 동물로, 어족에 붙으면 어족으로, 사람에 붙으면 사람으로 태어날 수 있다. '태어난다'가 아니고, '태어날 수 있다'라고 표현하는 것은 그 자리에는 하나의 영뿐만 아니라 다른 수많은 영이 있기 때문이다.

사람의 예를 들면 수억 개의 정자에 영이 하나씩 들어가게 되고 보통 그중 하나만 사람으로 태어나는 데 성공하니, 수억 대 일의 확률로 사람이 태어날 수 있는 것이다. 그것도 영이 사람에게 들어갔을 경우이고 혹여 물고기의 알이나 식물의 씨앗에 들어가게 되면 물고기나 식물로 태어나게 되는 것이다. 그러니 사람으로 태어난다는 것은 낙타가 바늘귀를 통과하는 것보다도 더 어렵다.

이 땅의 모든 사람은 영으로부터 출발하여 동물, 식물, 어족, 외계 생명체 등 수많은 모습으로 살다 죽음을 맞고 다시 태어나는 수수만년의 윤회를 거쳐 지금의 모습으로 살고 있다. 영은 '태초의 하나님전'에서 창조해 주신 유일하고 영원한 생명체이기 때문에 수없는 윤회를 거쳐 오며 단 한 번도 죽지 않은 존재로서 영생하는 것이다.

2. 망각 속의 삶

영성을 잃은 사람의 삶은 어떠한가. 살아서는 자신의 육과 그 육이 누리는 현실을 전부로 여기며 살다가 아무런 대비도 없이 죽음을 맞은 이후에 지난 삶을 처절하게 후회한다. 영성을 잃었기에 자신이 하는 모든 말과 행동이 스스로에 의한 것이라 생각할 뿐, 자신의 몸에 숨어든 수많은 신들의 존재와 그들에 의해 자신이 움직여진다는 사실조차 모르고 살아간다. 자동차의 주인은 자기인데 타인이, 그것도 하나나 둘이 아닌 다수가 자기의 차를 완전히 망가질 때까지 몰고 다니는 격이니 참으로 안타깝고 불쌍한 사람이 바로 영성을 잃은 이들이다.

사람신은 힘이 없는 존재이다. 동물신이나 그 외 각종 신들에게 쫓겨 다니고 상처도 입으며 심지어는 잡아먹히기까지 하니, 사람신의 삶이란 도망자의 삶, 그 자체라 해도 과언이 아니다. 조상신들이 후손의 몸에 찾아들거나 머물 곳을 찾아 숨어드는 까닭이 여기에 있다. 이를 안다면 지금의 삶이 아무리 힘들다고 하여도 '죽고 싶다, 죽는 게 낫겠다'와 같은 말을 쉽게 입에 올릴 수 없을 것이다. 특히 자살이라는 극단적인 생각과 말은 더더욱 해서는 안 된다.

거듭 말하지만, 사람으로 태어남은 수수만년의 윤회 중 가장 큰 축복이며 기회이니 어서 빨리 길고 긴 잠에서 깨어나 잃어버린 영성을 되찾아야 한다.

3. 영은 영생한다

'태초의 말씀의 하나님'께서,
"빛이 있으라" 하시어 천지자연 우주만물을 창조하신 태천의 1우주로부터 창조의 세월이 흘렀다.

지금 우리가 살고 있는 이 땅 지구가 속해 있는 우주는 열여섯 번째로 창조된 16우주이며 그 이후에도 우주는 계속 창조되었다. 가장 처음 창조된 우주를 1우주, 그 다음에 창조된 우주를 2우주, 그 다음을 3우주로 이렇게 창조된 순서에 따라 우주를 구분하는데 각 우주와 우주 사이에는 수 억겁의 차이가 있다. 그러므로 1우주에서 16우주까지 창조의 세월은 무한했다.

영은 처음 창조된 1우주부터 존재해 오며 영생(永生)한다.

4. 영통(靈通)

영은 탄생 이후부터 현재까지의 모든 정보와 기억을 담고 있으므로, 영과 통하게 되면 그 영의 역사를 알 수 있다.

그런데 영과 통하는 것, 즉 영통은 쉬운 일이 아니다. 세상에서 말하는 영통이란 실상 신통으로, 신통이 말 그대로 어떠한 신과 통하는 것이라면, 영통은 영과 통하는 것이니 비교가 되지 않는다. 또한 세상에서 말하는 영안(靈眼)이라는 것은 결국 신안(神眼)으로써 신통으로 연결된 신들의 장난에 불과하다. 그러하기에 신을 모르고서는 영과 통할 수가 없다.

자신의 영과 통하는 것은 악신들의 방해로 인해 쉽게 이루어지지 않는다. 그러므로 자신의 영과 통하기 위해서는 영의 존재를 이해하고, 동시에 신의 존재를 분명하게 알아 악신과 싸워 물리쳐 나아가야 한다.

자신의 영과 통하게 되면 다른 영과도 대화가 가능한데, 영들은 서로 통하기 때문이다. 영이 어떤 생명체의 육이나 사물과 대화를 하는 것이 아니라 그 안에 존재하는 영과 대화를 나누는 것으로 그 정도의 경지이면 영통을 이루었다고 할 수 있다. 영통은 신을 모르고 신에 대처할 능력이 없는 사람으로서는 이룰 수가 없다.

5. 성령과 성신

성령은 하나님전에서 창조하신 성스러운 영으로서 성령이 임하신 신이 성신이다. 이에 성령으로 잉태된 성신이라고 함은 하늘 자녀임을 뜻한다.

이에 비해 악령이라 하는 것은 악신의 최고신이 만들어낸 것이다. 태생 자체가 악하며 사람, 동물 등 어디에나 들어가서 악신들을 생산하는 악신의 씨앗이다.

후천에 이르러 하나님전에서 심판하심으로 하늘에는 성령과 성신만이 계시니, 하늘에서 쫓겨 내려온 악령과 악신들은 이 땅에 숨어 전전긍긍하며 자신들의 세력 확장을 위한 기회를 엿보고 있다.

이러한 악신들이 가장 많이 노리는 대상이 바로 사람이다. 이에 바른 신앙과 도를 찾는 이들에게는 하나님전의 은사로써 기회를 주심이니, 악신들과 싸워 물리칠 수 있는 능력과 힘을 내려 주심이다.

하늘에서 내려 주시는 그 능력과 힘으로 자신을 지배하고 주관해 오던 악신들과 싸워 물리쳐 나아가는 천군천자가 되어 하늘도를 이루는 것이 바로 바른 신앙과 도의 완성이다. 그리하면 자신이 성령으로 잉태되어 성신으로 거듭나 하늘에서 영원히 살 수 있음이니, 이것이 사람신의 영생이다. 이렇듯 영의 영생과 신의 영생이 함께 이루어지니 그 이상의 축복된 삶이 어디 있겠는가.

그러나 악신의 모사와 술책에 넘어가 하늘을 모른다고 하는 자들은 모르는 것도 죄라 하시며 악신과 같이 심판한다고 하심이다. 이 한날한시가 중요한 때임을 알아야 한다.

일부 휴거를 말하는 이들은 어느 날 어느 때에 사람이 들림 받아 하늘로 간다고들 하는데, 하늘은 결코 사람이 갈 수 있는 곳이 아니다. 오직 자신이 하늘도를 이루어 성신으로 거듭났을 때, 갈 수 있는 곳이다.

또한, '성령을 받으라' 하며 외치는 사람들이 있는데, 성령은 하나님전에서 내려 주시는 은사로써 사람이 함부로 주고받을 수 있는 것이 아니니, 그 또한 구업(口業)으로써 천죄(天罪)를 짓고 있음이다.

6. 생각은 신, 마음은 영

생각이 신이라면 마음은 영이다. 사람의 사고를 지배하는 것은 본신으로 사람이 자신의 생각과 주장을 버리기 어려운 것도 본신이 안에서 영향을 주고 있기 때문이다. 사람이 어떤 생각이 들 때 이는 그 사람이 자신 안에 있는 본신의 말을 듣고 있는 것과 같다.

본신은, 곧 자기 자신이나 마찬가지이기 때문에 사람이 자신의 생각을 버린다는 것은, 곧 본신의 말을 듣지 않는다는 것이며 본신의 지배에서 벗어났다는 말이 된다. 대부분의 사람들이 고정된 가치관과 사고의 틀 속에서 평생을 사는 것도 자신 안에 있는 본신의 지배로부터 벗어나지 못하기 때문이다.

결국 사람이 자신의 그릇된 생각과 판단이 무조건 옳다는 주장만을 되풀이한다면 그 사람은 본신의 말을 너무나도 잘 듣고 잘 지키고 있기에 결코 본신의 지배에서 벗어날 수 없는 것이다.

그런데 가끔 자신의 마음 때문에 생각이 흔들리는 경우가 있다. 이는 바른 마음이 바로 영의 의지이기 때문이다. 즉, 생각이 신이라면 마음은 영으로서 신과는 달리 아무런 힘도 없는 영은 오직 마음을 통해 자신의 의지와 바람을 전한다. 그러므로 마음을 바르게만 지킨다면 영과 통하는 길은 그만큼 가까워진다.

7. 영의 전생만이 진정한 나의 전생

영의 삶은 역사가 매우 길다. 우주가 처음 탄생한 1우주에서 태어난 영은 말할 것도 없으며, 그 이후에 태어난 영이라 하더라도 한 우주가 창조되고 다음 우주가 창조될 때까지 수 억겁의 시간이 지나야 함을 생각하면 나의 영이 얼마나 먼 길을 지나고 또 지나 지금 우리가 살고 있는 이곳 16우주까지 왔을지 미루어 짐작할 수 있다.

그 긴 윤회의 세월 동안 영이 살아온 무수한 생이 바로 전생이고 현재의 삶이, 곧 현생이며 다시 태어나 맞이하게 될 삶이 후생이다. 따라서 윤회라 함은 우리가 살고 있는 이 지구나 한 나라에 한정된 것이 아닌 우주의 역사와 함께해 온 영의 일대기인 것이다.

사람들은 누구나 자신의 전생에 대해 관심이 많은데 전생을 논하기 전에 자신의 전생인지, 본신의 전생인지를 먼저 알아야 한다.

사람의 몸에는 무수히 많은 신들이 있다. 신과 통할 수 있는 사람은 이러한 신들과 접신(接神)할 수 있으며, 평범한 사람도 최면 상태에 들어가면 그 안에 있는 신이 모습을 드러내기도 한다. 세상에는 이러한 신들과의 접신을 통해 신과 대화했다고 하거나 그 신이 하는 말을 그대로 믿기도 한다.

신들이 말하는 전생은 그 신들의 전생이지 그 사람의 전생은 아니다. 무수한 생을 되풀이하며 윤회를 거듭한 존재는 신이 아니라 영이니, 이때 중요한 것은 영이 밝히는 영의 전생이다.

그래서 태초의 자신을 알아야 마지막을 예비할 수 있음이니, 이제는 영의 비밀을 밝혀 자신의 진정한 어버이님은 누구이신지, 하늘에서는 어떠한 삶을 살았고 지금 이곳까지 어떻게 흘러왔는지를 알아야 한다.

이 땅에는 태초의 천신(天神)의 영으로서 윤회해 온 사람들이 있어 그 영들에게 처음의 자리로 찾아오라 하심이나, 그 영을 담고 있는 사람이 돕지를 않으면 이룰 수가 없다는 것을 강조해서 알리는 것이다.

8. 윤회에서 벗어나는 길

육이 죽으면 신이 나오고 신이 죽으면 영이 나오는데, 영이 흐르다 붙는 곳이 자신이 다시 태어날 자리가 된다. 이것을 거듭해 온 영의 삶이 윤회라 하였다. 한 사람이 현생에 태어났다고 하면 앞선 영의 삶이 자신의 전생이 되는 것이다. 그 사람이 죽어 신의 세계에서 500년 내지 1,000년을 사람신으로 살다가 죽으면 영이 나오는데, 그 영이 자연에 흐르다가 다시 붙는 곳이 앞으로 태어날 후생의 자리가 된다.

윤회의 이치를 안다면 그 누구도 이와 같은 삶을 되풀이하고 싶지 않을 것이다. 그렇다면 이제는 윤회에서 벗어나야 하지 않겠는가. 이때 이 시기에 사람들에게 마지막 기회를 주시어 하늘도를 이루라고 하셨으니, 전에도 없었고 앞으로도 없을 처음이며 마지막 기회임을 알아야 한다.

태아는 엄마 뱃속에서 세상으로 나갈 날을 기다리며 10개월을 준비한다. 사람이 살아가는 백 년의 기간도 이와 같은 준비의 시간이 되어야 하니, 바른 신앙으로 하나님전을 섬기며 바른 도로써 하늘도를 이루어 지금까지의 윤회의 삶을 마감해야 한다.

육체는 영의 의지를 실현할 도구가 되어 주어야 하며, 그리하면 육체의 신인 사람신 자체가 성령으로 잉태된 성신이 되어 하늘에 올라 영원히 살게 되니, 이것이 바로 사람신의 영생이다. 그러하기에 지금까지 바른 신앙과 바른 도를 찾아 이루어야 한다고 알려 주었음이며 이제는 스스로 분별하여 바른길로 나아가야 한다.

9. 방황하는 이들을 위해 알림

세상에는 여러 종교와 도가 존재하며, 많은 이들이 그중 한 곳에 소속되어서 기도나 수도를 하고 있다. 그런데 그중에는 어느 한 곳에도 정착하지 못하고 여러 곳을 전전하는 사람들이 있다.

이러한 사람들은 신의 관점으로 볼 때 그곳을 주관하는 신들이 그 사람을 완전히 장악하지 못한 것이라 할 수 있다. 종교를 주관할 수 있을 정도의 신이라면 그 능력은 사람의 상상을 초월하니, 평범한 사람이 대적할 수 있는 상대가 아니다. 그런데도 그 사람을 완전히 장악하지 못하는 것은 영과 관련이 있다. 즉, 사람이 자신 안의 본신에게 철저히 귀속된 경우를 제외하고는 그 사람의 영이 마음을 통해 작용하는 것이다.

이는 그 사람의 영성이 그만큼 밝기 때문이다. 자신이 찾는 무언가를 위해 어느 곳이든 찾아가게 되지만, 어느 순간 그러한 곳들이 자신이 찾고자 하는 길과는 맞지 않음을 느끼게 되는데, 이는 영의 이끎이라고 할 수 있다.

영은 수없이 많은 윤회를 거쳐 왔기에 많은 것을 알고 있으며 옳고 그름을 판단할 수 있다. 또한 자신의 자리로 찾아갈 길을 구하고 있기에 막연하나마 느낌을 통해 해당 사람에게 전달하는 것이다. 즉, 영이 사람에게 의사를 전달하는 수단은 오직 마음을 통해서이며, 이는 신의 소리인 생각과는 다르다.

이 또한 바로 그러한 사람들, 지금껏 영의 이끎을 따라 방황해 온 사람들을 위하여 알리고 있음이다. 이들이야말로 진정한 영의 소리인 마음의 소리를 듣고 진실이 무엇인지 찾고자 하기 때문이다.

제4부
사람의 운명

1. 사람은 누구나 두 가지의 운명을 살아간다

사람에게는 두 가지의 운명이 있다. 하나는 사람신의 운명이고, 다른 하나는 본신의 운명이다.

사람이 육체로 이루어진 생명체인 반면, 신은 기체(氣體)로 이루어진 생명체이다.

사람신은 자기 안에 자신과 같은 모습으로 있는 신을 말한다. 육이 성장하면 같이 성장하고, 육이 병들면 같이 병들며, 육이 노쇠(老衰)하면 같이 노쇠한다. 육이 생명을 다하면 사람신은 육을 나와서 신의 세계에서 살아가는데, 대략 500년에서 1,000년을 산다.

사람에게는 태어날 때부터 자기 안에 자신의 모습이 아닌 악신 형상의 다른 신이 자리 잡고 있는데, 사람을 지배하기 위한 악신의 체제에 의해 사람의 의지와는 관계없이 육체를 점령하여 좌지우지하는 신이다. 이 신을 본신(本神)이라 한다. 사람은 태어나서 죽을 때까지 본신의 영향 아래 살아가게 되며, 본신의 종류에 따라 성격, 기질, 식성, 체질, 생김새 등도 모두 다르다.

이러한 영향으로 인해 사람은 자신의 운명대로 사는 것이 아니라 본신의 운명을 대신하여 살아가고 있다. 사람은 성공과 실패, 생로병사에 이르기까지 길게는 백여 년에 이르는 삶 속에서 일어나는 온갖 일들이 사람신의 삶을 위한 노력이 아닌 오직 본신의, 본신에 의한, 본신을 위한 운명으로 살아가고 있는 것이다.

사람이 출세하여 많은 부와 명예가 있어 흡족하게 그 모든 것을 누린다고 해도 신으로서 부와 명예를 누리는 존재는 사람신이 아니라 그 육체를 점령하고 있는 본신이다. 세상에서 아무리 성공하였다고 해도 그 사람신에게는 아무것도 돌아가지 않는다는 뜻이다.

결국 사람의 삶이란 본신이 소인 사람은 소처럼, 호랑이인 사람은 호랑이처럼, 돼지인 사람은 돼지처럼, 뱀인 사람은 뱀처럼, 그 기질대로 행위 하면서 다른 사람들 안에 자리 잡은 본신들과 경쟁하며 살아가는 것일 뿐이다.

그러하기에 본신의 힘이 강하면 세상에서 이루는 것도 크고, 본신의 힘이 약하면 이루는 것이 작은데 이러한 어느 것에도 사람신이 끼어들 자리는 없다. 사람신은 마치 쓸모없는 부속품처럼 육이 자라면 함께 자라고, 육이 병들고 노쇠하면 같이 병들고 노쇠하며, 그저 본신이 지배하는 자기 몸 안에 머물러 있을 뿐이다.

몸속 깊이 흐르는 탐욕의 뿌리와 자기식대로 자신만을 위해 살아가면서 자신만의 영역을 확장하고자 하는 그 끝없는 욕망, 이것이 바로 본신의 특성이다. 이처럼 사람은 누구나 본신의 것을 자기의 것으로 여기며 살아가고 있다.

결국 사람의 육의 삶이란 본신의 삶을 대신 살아주는 것인데, 사람은 누구를 위한 것인지도 모르고 자기의 인생이라 여기며 살아가다가 사람이 죽으면 그동안 육에 머물러 있던 사람신과 본신이 함께 빠져나온다.

몸 밖으로 나온 사람신은 그저 어리둥절할 뿐이다. 육에 머물고 있을 때 신의 세계에서 살아가기 위한 대비도 없었으며, 그 어떠한 능력도 갖추지 못했기 때문에 그저 혼란스럽기만 하다.

하지만 본신은 아무 거리낌 없이 그동안 머물고 있던 사람의 몸에서 나와 다른 곳을 찾아 떠나는데 이 집에서 저 집으로 이사를 하듯 자연스럽기만 하다. 그동안 사람의 몸에 머물면서 육의 생기를 취하고 세상에서 이룬 결과를 누리는 등 그 사람을 통해 온갖 이득을 보았음에도 아무런 미련 없이 또 다른 머물 곳을 찾아갈 뿐이다.

이때부터 사람신의 처지는 비참하기 이를 데 없다. 신으로서 아무런 능력도 갖추지 못했기에 오직 생존하기 위해 발버둥 치며, 온갖 악신들에게 쫓겨 다녀야만 한다. 그뿐만이 아니다. 사람이 죽으면 사람신은 그 사람이 죽을 때의 모습과 똑같기에 전쟁터에서 다리를 잃고 죽었다면 다리를 잃은 상태 그대로, 교통사고로 뼈가 부러져 죽었다면 뼈가 부러진 상태 그대로, 노환으로 죽었다면 무기력하고 노쇠한 상태 그대로, 병들어 죽었다면 그 병과 고통을 안은 채 그대로 신의 세계에서 살아간다.

설령 운 좋게 악신들에게 해를 입지 않았다고 하더라도 사람신을 기다리는 것은 사후세계의 비참한 삶뿐이다. 굶주림과 추위 속에서 죽고 싶어도 죽지 못하고 근근이 연명해야 하는 사람신으로서의 삶, 그것이 바로 죽음 이후를 준비하지 않은 사람신의 운명이다.

이처럼 사람의 육이 본신에게 종속되어 본신의 삶을 대신 살아 주는 동안, 사람신은 육에 머물러만 있었을 뿐 신의 세계를 대비하지 못했기에 육을 떠난 후 맞게 된 사람신의 운명은 비참할 수밖에 없는 것이다.

이제는 자기 사람신의 운명을 찾아야 할 때이다. 육을 가지고 살아있을 때 자기 사람신의 삶을 찾게 하여 자신을 억압하고 통제하는 본신을 제압하고 사람의 삶이 본신이 아닌 사람신의 삶이 될 수 있도록 노력해야 한다.

그동안은 선천의 체제에 따라 모든 사람 안에는 자동으로 본신이 자리 잡아 왔으며, 이 본신에 가로막혀서 사람은 결코 신의 세계의 실상을 알 수 없었다.

그러나 지금 이때 이 시기는 하늘이 후천으로 다시 세워짐에 '대우주(大宇宙) 하늘 제국천(帝國天)'이 되었다. 이로써 하늘의 모든 법이 바뀌어 선천의 악신들이 세운 법은 다 무너짐으로써 사람이 악신들의 체제인 본신으로부터 벗어날 수 있는 천운(天運)이 도래한 것이다.

2. '이때 이 시기'를 살아가는 사람들

선천의 시대가 본신의 뜻대로 살아가는 시기였다면, 후천의 시대인 지금은 사람이 바른 지혜와 분별을 갖추어야 할 시기이다. 하늘이 후천이 되어 신의 세계의 법이 모두 바뀌었기 때문이다.

대우주 하늘은 제국천이 되었고, 대우주 하늘의 제국천 천법(天法)이 제1호부터 제10호까지 선포되었다. 이에 따라 이 땅에도 제국천 천법이 발효되어 악신들에 대한 심판이 이미 시작되었고, 이 땅의 사람들에게 자신을 구할 수 있는 마지막 기회를 주신다고 하심이다.('제7부 전 인류에게 고함'의 '제국천 천법' 참고)

지금 이 땅의 사람들은 다음의 세 부류로 나눠진다.

첫째 부류는 자신 안에 사람신과 본신이 분리되어 있는 부류이고,

둘째 부류는 자신 안에 사람신과 본신이 반 합수된 반인반수(伴人伴獸)의 부류이며,

셋째 부류는 자신 안에 사람신과 본신이 완전히 합수된 부류이다.

그동안 이러한 내용을 보면서 마음이 동하는 사람, 설마 하며 긴가민가하는 사람, 들을 필요가 없다고 하며 외면하는 사람, 반발심과 적개심을 갖는 사람 등 각자의 생각이 나뉘었을 것인데, 여러분은 어떠한지.

지금 이 땅에는 산과 바다와 공중 등 곳곳에서 악신들과의 싸움이 계속되고 있다. 하늘에 자리했던 본신의 주신 계열은 이미 제국천 천법과 천명(天命)에 의하여 하늘의 심판하심으로 전체 다 멸하여졌으며, 지금은 이 땅에 숨어 있는 본신의 주신 계열들이 정리되고 있다.

본신은 모두 주신에 연결되어 있기에 주신이 정리되지 않고서는 사람들 안에 자리 잡은 본신의 힘을 무력화하기 힘들다. 그러나 자신 안에 자리 잡은 본신과 사람신의 분리는 각자가 해야 한다. 그것은 자신만이 할 수 있기 때문이며 스스로 해야만 하기 때문이다.

이에 대해 어떤 이는 심판하실 때 전지전능하심으로 사람 안에 자리 잡은 본신들까지 한꺼번에 다 처리해 주시면 되지 않느냐고 하는데, 그렇게 되면 이 땅의 사람들 세 부류 중 둘째와 셋째 부류, 즉 최소한 인류의 3분의 2가 죽음에 이르게 된다는 것을 알아야 한다.

그동안은 사람의 육이 죽는 순간, 첫째 부류는 본신과 사람신이 분리되어 있어서 육을 빠져나와 본신은 다른 곳을 찾아가고 사람신은 신의 세계에서 500년에서 1,000년을 살았다. 이에 비해 둘째와 셋째 부류는 육이 죽어도 본신과 사람신이 분리되지 않고 합해져서 동물의 상체에 사람의 하체, 사람의 상체에 동물의 하체, 사람의 얼굴에 동물의 몸, 인어처럼 사람의 상체에 물고기의 하체 등 각종 변종신으로 태어났다.

앞으로는 사람의 몸에 있다고 하더라도 이러한 신들은 모두 다 멸한다고 하심이다. 이때 첫째 부류는 그 사람의 본신만 멸해지나, 둘째와 셋째 부류는 그 사람도 죽게 되니, 이는 본신과 합수된 사람신들도 악신으로 판결되어 동시에 함께 멸해지므로 사람신이 죽으면 그 사람도 함께 죽게 되는 것이다.

하늘께서는 사람을 심판하심이 아니라 악신을 심판하심이지만, 이러한 원리로 사람도 같이 심판을 맞게 되는 것이며, 그렇게 되면 현 인류의 3분의 2 이상이 멸하여지게 되는 것이다. 그때가 되면 둘째와 셋째 부류의 사람은 앉아서도, 선 채로도, 걸어가다가도, 일을 하다가도, 밥을 먹다가도, 잠을 자다가도 그냥 원인도 모른 채 죽게 된다.

이러하기에 사람들에게 기회를 주시며 다음과 같이 알려 주심이다.

"사람신과 본신을 분리하라, 그리해야 산다 하라, 그때와 시가 멀지 않았음이라." 하심이다.

스스로를 구한 이는 구원을 받지만, 스스로를 구하지 못한 자는 결국 심판을 맞이할 수밖에 없다. 하늘의 심판하심 속에서도 구원의 빛이 있으니, 이 빛을 찾는 이는 구원을 받을 것이며 하늘의 심판하심에는 두려움과 무서움이 있으니 구원의 빛을 찾지 못하는 자는 영원히 무가 될 것이다. 이는 악신과 함께 다 멸한다고 하셨기 때문이다.

이때와 이 시기가 바로 한날인 것이다.
자신이 둘째 부류나 셋째 부류가 아니라고 어느 누가 장담할 수 있겠는가.

그러한 부류들이 거짓 성직자가 되고 거짓 선지자가 되는 것이니, 이러한 때에 그들의 유혹에 빠져서는 안 되는 것이다. 이들의 말을 듣는다는 것은, 곧 둘째 부류와 셋째 부류의 길로 들어서는 것이니, 자기 안의 사람신과 본신을 분리하기에도 바쁜 이때에 이들의 영향까지 받아서는 안 될 일이다. 하늘께서는 그들부터 심판하신다고 하심이다.

구제 중생은 자신부터라고 하였다. 자신을 먼저 구제한 후에 그 알게 된 것으로 자기 가족을 구하고 다른 사람들에게 전해 주어 알게 하면 그것이, 곧 중생 구제이며 인류 구원인 것이다.

지금까지의 헛된 이론과 맹신을 되풀이하는 시대는 끝났다. 자기 자신 안의 본신과 사람신을 분리하여 본신이 주도하던 삶을 끝내고 사람신이 주도하는 삶을 살 수 있는 새로운 시대가 열린 것이다.

3. 운명을 바꾸는 방법

우리는 사람의 운명과 심판하심에 대해 알게 되었다. 사람으로 태어나서 본신에게 종속되어 단 한 번도 자기다운 삶을 살아보지 못하고 죽음 이후에는 사람신으로 신의 세계에서 비참한 삶을 살아가거나, 육이 있는 동안에도 사람신이 본신과 합수되어 심판의 시기에 결국 악신과 함께 멸해지게 되니 그 어느 것도 사람의 진정한 운명이라고 할 수 없다.

이제 본신에 의해 뒤바뀐 자신의 운명을 되찾아야 할 때이다. 이는 심판의 두려움에서 벗어나는 길로서 자기 구원의 시작이며, 동시에 자신의 운명을 살지 못하고 본신의 운명을 대신 사는 노예의 삶에서 벗어나는 길이다.

그렇다면 사람은 어떻게 해야 본신의 지배에서 벗어나 진정한 자신의 운명을 찾을 수 있을 것인가?
그 해답을 얻기 위해서는 영성을 찾아야 한다.

대부분의 사람들은 지식을 근거로 모든 것을 판단한다. 그러나 지식만으로 되지 않는 것이 있으니 신의 세계가 그러하다. 인류의 역사는 꾸준히 이어져 왔으며, 그간 많은 성현과 천재적인 학자들, 성직자들이 존재해 왔다. 만약 지식만으로 신의 세계를 밝힐 수 있었다면 이미 오래전에 이들에 의해 낱낱이 밝혀져 있었어야 할 것이다.

현대인들은 과거의 사람들보다 훨씬 다양한 정보와 지식을 갖게 되었으나 그렇다고 하여 신의 세계에 대해 더욱 명확히 밝혀낸 바가 있는 것은 아니다. 거대하고 복잡한 신의 세계에 대한 해석은 고사하고 사람의 죽음 이후, 즉 사후세계에 대해서조차 서로 다른 주장을 하는 것이 현실이다. 결국 사람의 지식을 통해서는 신의 세계의 어떠한 면도 밝혀낼 수 없다.

이제 영성을 찾아야 한다. 오직 영만이 모든 진실을 알고 있다. 영의 마음으로 찾고 또 찾아 영의 설렘으로 행하고 또 행해야 한다. 영은 자기가 머물고 있는 사람신의 성공을 바라고 있기에 영성을 찾으면 진정한 자신의 운명으로 가까이 갈 수 있다.

오직 영만이 영생하여 온 존재이니 과거부터 현재까지 수많은 삶을 거듭해 왔다. 하나의 생명으로 태어나 살아가다가 육을 벗으면 신으로 살아가고, 신으로서의 삶이 끝나면 다시 윤회의 길로 들어서 바람 따라 구름 따라 흐르다가 붙는 그 자리가 다음 생의 자리가 된다. 그곳에서 어떤 모습을 갖고 일정 기간 살아가다 다시 또 나와서 다음 생의 자리를 찾아 흘러 다니는 삶, 현재를 살아가는 사람은 누구나 예외 없이 이러한 과정을 수없이 되풀이하며 흘러왔다.

영은 사람의 육과 신을 얻고 싶어 한다. 이는 사람에게만 구원과 축복의 기회, 진실한 삶을 살 수 있는 기회가 주어짐을 알기 때문이다. 그러나 영이 흘러 다니다가 사람의 육을 만났다고 하더라도 다시 사람으로 태어나려면 그 사람의 육에 있는 또 다른 수많은 영들과의 경쟁이 있기에 영이 사람의 육과 신을 얻기란 하늘의 별 따기보다 더 어렵다고 표현한 것이다.

이렇게 기적적인 과정을 거쳐 사람으로 태어났는데 정작 사람의 삶은 어떠한가. 육의 주인은 영과 그 영이 머물고 있는 사람신인데, 본신이 주인이 되어 사람의 삶과 운명을 주도하고 있어서 진실한 삶을 찾고자 하는 영의 열망은 본신에게 가로막혀 단 한 발짝도 나아가지 못하고 있다.

현실이 이러한데 육신이 편하고 세상에서의 부와 명예로 풍요로운 삶을 누린다고 한들 모든 것이 본신을 위한 것이라면, 그러한 삶이 무슨 의미가 있겠는가. 수많은 윤회 속에 사람으로 태어나 하늘의 별을 딴 듯이 기뻐하였던 영이지만 얼마 안 있으면 또다시 끝없는 윤회의 길을 떠나야 하는 영의 슬픔은 뒤로한 채, 사람은 영성을 잊고 마치 최면에 걸린 듯 본신의 도구로서 살아가고 있는 것이다.

이제는 영성을 찾아야 할 때이니 잠들어 있는 자신을 깨워야 한다. 지금까지 사람들은 본신의 운명을 위해 자신의 모든 것을 바쳐왔다. 하지만 사람은 이러한 현실도 모르고 어떻게 하면 세상에서 잘 살 수 있는지에만 관심을 가졌을 뿐, 그 누구도 진정한 자신인 사람신의 운명을 걱정하지 않았다.

사람은 결국 이 세상에서 어떠한 삶을 어떻게 누렸는지와 관계없이 본신의 운명으로 살다가 언젠가는 죽게 된다. 100년에 가까운 삶을 마치고 육을 떠나 신의 세계로 들어가서는 사람신으로서 악신들에게 쫓기고 괴롭힘을 당하며 500년에서 1,000년을 살아가게 되는데, 바로 이러한 상황이 과거부터 현재까지 끊임없이 반복되어 온 사람의 운명이다.

더욱 심각한 것은 사람신과 본신이 합수되어 사람신 자체가 없어지는 일이 일어나고 있다는 사실이다. 이때 생겨난 변종신을 인마신(人魔神)이라 하는데, 사람이 육으로 살아가는 동안 그러한 상황이 벌어지고 있다는 것이다.

현실이 이러한데도 이 같은 신적인 상황에 귀 기울이지 않고 진실을 외면하니, 이에는 여러 이유가 있지만 그중 하나가 사람신과 본신이 반 합수된 둘째 부류와 사람신과 본신이 완전 합수된 셋째 부류에 속하는 사람들은 본신의 것만 철저히 신봉하며 따르고 있기 때문이다.

악신들은 온갖 수단과 방법을 다해 사람들에게 자기들의 실체를 알지 못하게 하는데, 이는 사람들이 진실을 알게 된다면 악신들은 더 이상 설 자리가 없기 때문이다. 그런데 둘째와 셋째 부류의 사람들은 바로 이러한 악신의 행위를 자기의 생각과 판단인 줄로 착각하고 그대로 따르며 그것이 진실이라 믿는다. 모르는 것도 죄라고 하였다. 하물며 알고서도 행하지 않는다면 결국은 스스로가 악의 수렁을 선택한 것이다.

이제 우리는 사람의 운명을 바꿔 놓은 악신들과 싸워야 할 때이다. 진실을 알았으니, 악신들과의 싸움을 두려워해서는 안 된다. 본신과 합수될 바에야 차라리 싸우다 쓰러지는 한이 있더라도 포기하지 않겠다는 굳은 의지로 나아가야 한다. 이렇게 악신과 싸워 물리쳐 우리의 삶과 우리의 운명을 바르게 찾아야 한다.

4. '악신 죽어라' 주문법

태어나는 순간부터 죽음 이후까지 사람의 삶은 악신들에 의해 위협받고 있다. 그러므로 사람이라면 누구나 각자의 사상과 학설, 교리를 떠나 자신이 선 그 자리에서 악신들과 싸워 물리치며 그릇된 것을 바로잡아, 바른 삶을 살아갈 수 있는 길을 찾아야 한다. 그렇다면, 육을 가진 사람이 어떻게 해야 악신과 싸워서 이길 수 있겠는가?

지금까지의 내용을 통해 사람신과 본신의 합수에 대해 알고 있듯이 현재 세 사람 중 두 사람은 사람신과 본신의 합수가 상당히 진행된 상태이다. 이런 상황에서 가장 시급한 일은 사람신과 본신을 분리하는 일이다. 그런데 사람신과 본신의 분리는 사람으로 살아갈 때만 가능하며, 육이 죽어서 신의 세계에 가면 분리하려 해도 할 수 없게 된다. 그러므로 육으로 살아갈 때, 사람신과 본신을 분리해야 한다.

그렇다면 육을 가진 상태에서 사람신과 본신의 합수를 막고, 이미 진행된 합수를 분리시킬 수 있는 방법은 무엇일까? 그 답은 바로 '악신 죽어라' 주문법에 있다. '악신 죽어라'는 하늘에서 내려 주신 성신의 주문법으로서 악신을 심판할 수 있는 능력과 힘이다. 준동하는 악신들로부터 자신을 지키고 자신의 역량에 따라 싸워 물리쳐 나아갈 수 있다.

사람들이 일상에서 할 수 있는 생활의 도이니, '악신 죽어라'를 반복적으로 암송(暗誦)하는 것만으로도 자신을 악신으로부터 지킬 수 있는 최고의 수행법이 된다. 특히 빙의 현상이나 가위눌림에 시달리고 있다면 더욱더 '악신 죽어라'를 많이 암송해야 한다.

앉아서나, 누워서나, TV를 시청할 때나, 길을 걸을 때도 시간과 장소와 자세에 구애됨이 없이 소리를 내어 크게 하거나, 작은 소리로 하거나, 소리 내지 않고 속으로 해도 된다.

'악신 죽어라, 악신 죽어라, 악신 죽어라, 악신 죽어라'
'악신 죽어라, 악신 죽어라, 악신 죽어라, 악신 죽어라'

이와 관련하여 어느 종교인이 '사탄아 물러나라'고 하기에 물러나라고 한다고 물러날 신도 아니지만 설령 물러난다고 하더라도 어차피 다시 돌아올 것이니 사탄을 물리치려면 '악신 죽어라'를 하라고 알려 주었다. 그랬더니 그는 '악신 죽어라'를 한번 해보더니만 발음이 잘 안된다고 하면서 하는 말이 '그런데 죽으라고 하는 것은 너무 심한 말 아닙니까'라며 되물었다. 이럴 때는 뭐라고 해야 할지….

'악신 죽어라'를 하면 먼저 자신의 몸에 있는 약한 악신들부터 처리되기 시작하는데 그렇게 꾸준히 '악신 죽어라'를 반복하면 점차 자신의 힘이 강해지고 힘이 강해진 만큼 자신의 주변에도 그 기운이 전달되어 악신들을 처리하는 범위도 점점 커지게 된다.

이는 호수에 돌을 던지면 파장이 일어 퍼져 나가는 원리와 유사하다. 돌의 크기에 따라 호수에 이는 파장의 강도와 넓이가 다른 것처럼 자신의 역량에 따라 '악신 죽어라'의 파장도 다른데, 그것이 바로 자신이 지닌 도(道)의 단수이다. '악신 죽어라'의 효과는 스스로 느낄 수 있으며, 꾸준히 반복하다 보면 어느새 강해져 있는 자신을 느끼게 된다.

자신이 본신으로부터 벗어나는 길은 세상에서의 영적 지도자라는 사람들도 결코 대신해 줄 수 있는 것이 아니다. 이는 오로지 자신의 노력으로 자신의 운명을 새롭게 개척해야만 한다. 진실을 선택하는 순간부터 자신의 운명은 바뀌기 시작하니 자기의 육과 신이 함께 새로운 삶을 살아갈 수 있게 되는 것이다.

이때 이 시기는 항상 열려 있는 것이 아니니 시기가 지나고 나면 하려 해도 할 수가 없다. 죽고 나면 아무 의미도 없는 온갖 것들에 매여 세월을 낭비하기에는 시와 때가 너무도 급하다. 바로 지금, 이 순간부터 해야 한다. '악신 죽어라'는 이때 이 시기를 바르게 맞이하는 지혜와 총명과 용기의 주문법이다.

'악신 죽어라'는 다음과 같은 중요한 의미를 지닌다.

첫째, '악신 죽어라'를 시작함으로써 사람신과 본신이 분리되기 시작한다. 대개 세 사람 중 두 사람은 사람신과 본신이 합하여져, 반인반수이거나 완전 합수를 이루고 있다. 이러한 합수를 분리해 주고 또한, 합수가 되지 않은 사람이라 하더라도 차후에 사람신과 본신이 합수되는 것을 막을 수 있는 유일한 성신의 주문법이 바로 '악신 죽어라'이다. 악신이 자기더러 '악신 죽어라'를 하지는 못할 것 아닌가.

둘째, '악신 죽어라'를 하는 순간 자신도 모르는 사이에 성신의 편에 서게 되는 것이니, 그때부터 악신을 심판할 수 있는 천기(天氣)인 성신의 기가 자신에게 연결된다. 이렇듯 하늘의 천기는 성신의 편이 되어 악신들과 싸워야만 연결받을 수 있는 것이다.

이때 천기를 내려 주시는 정도는 자신의 역량에 따라 다르다. 전기에 비유한다면 처음에는 사용할 수 있는 용량이 적기 때문에 100볼트 정도를 사용하나 계속해서 많이 사용하면 용량이 커지면서 200볼트 300볼트 1,000볼트 10,000볼트 혹은 그 이상을 사용할 수도 있다. 이렇듯 '악신 죽어라'를 많이 할수록 자신의 단수가 그만큼 높아지면서 악신을 정리할 수 있는 능력도 커지게 된다.

셋째, '악신 죽어라'를 하며 싸우다 보면 그때부터 바른 신앙과 도가 무엇인지를 알게 되는 것이고, 그 길을 찾게 되었을 때 하늘에서 내려 주시는 은사로써 그 사람의 사람신에 성령이 임하게 되어 사람신이 성신으로 거듭나게 되는 것이다.

중요한 것은 결국 사람신 만이 '나'라는 사실이다. 이는 사람신 안에 수없이 윤회해 온 나의 영이 함께하고 있기 때문이다. 맹목적인 신앙과 도를 추구하는 경우, 다른 신들의 힘을 빌렸다가 그 신이 떠나면 자신은 빈껍데기가 된다. 그에 반해 사람신은 진정한 '나'이므로 자신의 사람신이 이루어 성신으로 거듭난다면 육을 떠날 때에는 당연히 성신으로서 하늘에 오르게 된다. 여기서 중요한 것은 성신의 주신은 바로 성령과 성신의 하나님전이시라는 사실이다.

사람의 운명은 두 가지라 하였다. 사람신의 운명과 본신의 운명이 그것이다. 이러한 사실을 바르게 알았다면 이제 악신들과 싸워 물리쳐야 한다. 그리하여 사람으로서는 육의 삶과 운명을 바르게 찾고, 사람신으로서는 하늘 세계에서 영원한 삶의 기회를 얻을 수 있도록 성신으로 거듭나야 한다. 이것이 바로 영생의 비밀 중 하나임을 알아야 한다.

그러나 이러한 길을 나아감은 세상의 어느 누구도 대신해 줄 수 없으니, 자기 스스로 직접 행하여 이루어가야 하는 것이다. 그 시작이 바로 '악신 죽어라'에 있으니, '악신 죽어라'는 악신으로부터 영원히 벗어나겠다는 의지의 시작이며, 하늘도의 시작인 것이다.

후천의 시대에는 하늘께서 내려 주시는 은사를 받아 사람들이 직접 이 땅에 만들어진 악한 것들을 바른 것으로 바꾸어야 한다. 이는 하늘께서 이때 이 시기에 이 땅의 사람들에게 내려 주시는 마지막 기회임을 알아야 한다. 그러므로 지금은 사람들이 서로 싸울 때가 아니라 모든 종교와 종파, 사상과 이념을 넘어 악신들과 싸워야 할 때이다. 이때 이 시기를 놓친다면 다시는 이러한 기회가 없기 때문이다.

이때 이 시기에 사람에게만 구원의 기회를 주신다고 하심이니, 하늘의 크고 크신 은혜와 은총이 함께하심이다. 이러한 때에 축복의 기회를 얻지 못한다면 참으로 불행한 일이다.

또한 이때의 사람 중에서도 대한의 민족이 후천의 하늘께서 선택하신 천손민족임을 알아야 한다. 오직 우리 대한에 악신들과 싸워 이길 수 있는 권세와 능력과 힘의 은사를 내려 주셨으니, 대한의 말을 하는 사람이라면 누구나 대한제국의 천군이 되어 악신들과 싸워 물리쳐 나아갈 수 있으며, 반드시 나아가야 한다.

이를 알게 된 모든 이들에게 사람신의 참다운 삶이 이어지기를 진심으로 바라는 바이다. 자신이 찾은 사람신의 참다운 삶이야말로 진정한 자신의 운명이며, 인류의 평화는 이 땅에 있는 모든 악신들을 물리쳤을 때 비로소 이루어진다.

확언하건대, 우리는 결국 악신으로부터 영원히 승리할 것이다.

'악신 죽어라, 악신 죽어라, 악신 죽어라, 악신 죽어라'
'악신 죽어라, 악신 죽어라, 악신 죽어라, 악신 죽어라'

5. '정구업진언수' 주문법

지금까지 '악신 죽어라' 주문법을 알렸으니 이와 함께 병행해서 수행할 주문법을 하나 더 알리겠다.

'악신 죽어라'가 악신과 싸우는 주문법이라면, 세상의 주문술 중 불도의 주문술로써 유일하게 하늘에서 인준해 주시어 천기를 담아 주신 주문법이 있다. 그것은 바로 '정구업진언수'이다.

'정구업진언수'는 자신의 업살을 벗기고 업살로 인해 자신에게 들어온 신들을 해결할 수 있는 주문법이니, 이 또한 '악신 죽어라'의 주문술과 마찬가지로 꾸준히 하기를 바란다.

'정구업진언 수리수리 마하수리 수수리 사바하'
'정구업진언 수리수리 마하수리 수수리 사바하'

그런데 '악신 죽어라'와 함께 하라 했다고 해서 두 주문법을 섞어서 하면 안된다. 예를 들어 이러한 경우이다.

'악신죽어라' '정구업진언 수리수리 마하수리 수수리 사바하'
또는
'정구업진언 수리수리 마하수리 수수리 사바하' '악신죽어라'

이렇게 하지 말고 '악신죽어라'와 '정구업진언수'는 따로 구분하여 진행하라는 의미이다. 예를 들어 오전에는 '악신 죽어라'

를 하고 오후에는 '정구업진언수'를 한다거나, 한 시간은 '악신 죽어라'를 하고 한 시간은 '정구업진언수'를 하는 등으로 나누어서 하면 된다. 그리하면 나중에는 자연스럽게 나오게 될 것이다. 특히 '정구업진언수'는 '정구업진언 수리수리 마하수리 수수리 사바하' 하고 음률을 타면서 암송하면 흥도 난다.

그리고 이러한 주문법은 명상하는 자세로 하면 제일 좋다. 명상한다고 하며 아무것도 안 하고 멍하니 가만히 앉아있는 경우들이 많은데 이제는 이 주문법을 암송하면서 명상을 하면 그 효과가 배가 될 것이니 그야말로 일석백조(一石百鳥)이다. 막연한 깨달음보다는 신의 능력을 쌓아야 한다.

이 주문법들은 종교와 관계없이 누구나 하면 된다.
하늘 신앙과 하늘도이므로 종교를 초월한다.

참고로 세상에서도 선천시대의 주문술이 많은데 그것이 다 신을 부르는 주문들이다. 그 예로 '옴마니반메훔' 주문술을 해보니 어디선가 쿵쿵쿵 소리가 나면서 코뿔소신이 달려왔다.

그래서 예전에는 사람들이 '옴마니반메훔' 주문을 암송하면 코뿔소신이 달려와 그 사람 몸에서 방해하던 신을 들이받아 쫓아내 버리니 효험을 보기도 했다. 하지만 그러한 코뿔소신도 그 사람의 몸 안에 자기보다 더 힘센 신이 있으면 왔다가 다시 돌아가 버린다. 그래서 사람에 따라 그러한 주문술로 효험을 보는 사람이 있고 효험을 못 보는 사람이 있었던 것이다.

그런데 사람들이 하도 주문을 암송하며 불러대니 귀찮은지 요즘은 아예 꿈적도 안 한다. 천 번을 하면 그나마 한 번 힐끔 쳐다볼까 하는 정도이다.

앞으로는 이러한 선천시대의 주문술에 의존하지 말고 후천의 하늘에서 인준하여 주신 '악신 죽어라'와 '정구업진언수'를 열심히 하기를 바란다.

제5부
하늘과 땅의 비밀

1장 대우주 하늘의 역사

1. 무주공천(無宙空天)과 태천(太天)시대

'태초의 하나님'께서 말씀으로 창조하시기 이전에는 해와 달과 별이 존재하지 않았으니 하늘과 땅도 없었으며, 그 어떠한 생명체도 존재하지 않았다. 이때를 하늘도 없고 우주도 없다 하여 무주공천이라 하니 하나님의 신(神)은 무주공천에서 말씀으로 흐르시며 운행하심이다.

이때 스스로 하나 신령님으로 나오신 분이 계시니
처음이요 시작이신 '알파와'라 하시며 하나님과 함께하심이다.
'태초의 하나 신령님'이신 '알파와님'과 '말씀의 하나님'이신
'마마 하나님'께서 함께하시니 '태초의 어버이님'이 되심이다.
'태초의 말씀의 하나님'께서 "빛이 있으라" 하심에 창조가
이루어지게 되었고 그 모습이 보시기에 좋으시다 하셨음이다.

처음에 하나님께서 말씀으로 천지만물을 창조하심으로
'태초의 말씀의 하나님'이 되심이니
'태초의 말씀의 하나님'은 '마마 하나님'이시며
그 명호가 '화산나 하나님'이시다.

하나님께서 창조하실 때
'알파와'께서 그 곁에서 날마다 기뻐하셨음이다.

태초에 태천 1우주를 창조하실 때 먼저는 하늘의 법과 체계를 완성하셨다. 하늘로 천사신·신장신·선녀신·선관신·신선신 등 여러 분야의 신들인 천신(天神)들을 창조하셨으니 땅에서 국가를 운영하기 위해 필요한 조직과 체계를 떠올리면 쉽게 이해할 수 있을 것이다.

1우주 하늘은 매일 바쁘게 운영되었다. 처음 1우주를 창조하여 주시니 매일 같이 새롭게 태어나는 별들로 생명의 신비로움이 가득했고, 이에 별을 성장시키고 지켜야 하는 관리의 역할이 방대해지기 시작하였다.

1우주 하늘에는 여러 별들이 존재하였으니, 자연의 기를 우주 전역으로 내려 주는 자연의 본체가 되는 별, 태양의 기를 우주 전역으로 내려 주는 태양의 본체가 되는 별, 달의 기를 우주 전역으로 내려 주는 달의 본체가 되는 별 등 1우주로는 창조하심의 본체가 되는 별들이 계속하여 태어나며 갖추어져 갔다.

이처럼 1우주에는 생명의 모든 근원이 함께하는 광활한 창조를 이루시었고 이후 1우주 창조의 근원을 통하여 2우주, 3우주, 4우주를 창조하셨다.

이때 하늘에는 천신들만이 있었던 것이 아니니 창조하신 동물형상의 신들도 함께하게 하셨다. 천신들은 아름답고 우아하며 그 역할에 맞는 모습이 되게 하셨고, 동물형상의 신들 또한 해당 역할에 맞게 창조해 주심이었으니, 이에는 하늘의 뜻하심과 사랑하심이 온전히 함께하셨다.

천신들에게는 지혜와 학문을 통해 하늘의 일사를 담당하게 하셨다면, 동물형상의 신들은 큰 몸집과 강한 힘이 있었기에 새롭게 태어난 수많은 별들을 지키고 세우기에 적합하다고 여기셨다. 그리하여 동물형상의 신들에게는 우주의 창조가 계속되는 먼 미래를 보시고 다양한 역할을 할 수 있도록 갖추어 주셨다.

하늘께서는 창조하신 자녀들인 천신들과 동물형상의 신들이 각자 다른 모습으로 맡은 바 그 역할들을 행함이 보시기에 더욱 좋으시었다.

이처럼 하늘께서는 자녀들의 모습과 역할은 서로 다르나 함께 화합하면서 수많은 별들을 평화롭고 아름답게 운영하며 살아갈 수 있으리라고 믿으셨다. 하늘께서 보실 때에는 우주에서 우주로 새로운 우주가 창조되니, 이는 무궁무진하게 이어질 길고 긴 세월이셨다. 4우주에 이르러 하늘께서 자녀라고 하신 동물형상의 신들이 모두 악한 배역의 무리가 되기 전까지는 말이다.

하늘께서는 1우주부터 시작된 동물형상의 신들이 늠름하게 성장함을 어여뻐 하셨다. 천신들은 아름다운 모습으로 창조의 근원이 되게 하셨다면 이후에 창조하신 동물형상의 신들은 다양함과 조화의 근원이 되게 하셨으니, 이는 모두 하늘의 뜻하심이셨다.

1우주, 2우주를 지나며 동물형상의 신들은 빠르게 성장해 갔고 자기의 역할을 바르게 수행하고자 노력하니 보시기에 그저 좋고 또 좋으셨다. 하늘께서는 동물형상의 신들을 자녀로서 믿어 주시며 계속하여 이어지는 우주의 창조와 함께 새롭게 탄생하는 수많은 별들을 지키고 관리하는 막중한 역할을 주시고자 하셨다.

또한 그들에게 각 우주의 일사를 관리·감독하게 하시며 맡은 바 역할을 잘 수행할 수 있도록 여러 동물형상의 신들 중에서 그들을 다스릴 왕신을 세우시어 능력과 힘을 더하여 주셨다. 세월이 흐름에 이들의 수는 갈수록 많아지게 되었고 동물형상 신들의 세력은 더욱 강성해지기 시작하였다.

2. 선천(先天)시대

그러나 3우주가 지나며 동물형상의 신들이 자기들은 하나님의 형상대로 창조된 천신들의 모습과 다르다는 불평불만을 시작으로, 큰 무리를 지어 힘을 내세우고 내려 주신 능력과 힘의 은사를 가벼이 여기며 자만과 교만함으로 배역을 품었다.

4우주가 창조된 때에 이르니 배역의 무리들이 창궐하여 악의 선천시대가 시작되었다. 동물형상의 신들이 서로 담합하고 결탁하여 그 무리들을 일으켜 하나님을 배역하고 대적하며 천신들을 해치고 천륜을 저버리니, 악하다 하여 '악신(惡神)'이라 한다. 이때 악신과 맞서 싸우던 천신들은 악신들을 이기지 못하고 죽임을 당하거나 악신들에게 끌려가서 고난을 겪게 되었다. 이때부터 길고 긴 배역의 역사가 시작된 것이다.

'태초의 말씀의 하나님'께서
"아무리 하늘의 자녀라 하여도 더는 붙들 수가 없음이라. 내가 낳음이 처음을 잊고 나를 향해 원망하니 창조의 근원을 부정함이요, 이는 천죄가 됨이라."라고 하시며 그 어떠한 신도 근접할 수 없는 신비한 별인 점성별로 떠나시고 태초의 신령님이신 '알파와'께서는 기나긴 윤회에 들어가셨다.

나중에 이 동물형상 신들의 우두머리인 왕신들은 천마왕, 불마왕, 우마왕이 되어 세 계열의 무리로 나뉘어서 우주 하늘 전체를 장악하고, 하늘의 최고 자리를 차지하기 위해 서로 싸우니 악신들의 하늘 전쟁은 끝이 없었다.

4우주는 여러 동물형상의 왕신들이 반란을 일으킨 배역과 반역의 역사이다. 4우주 이후로도 말씀이 흐르심으로 창조는 자연히 이루어졌고 72우주에 이르기까지 이 동물형상의 왕신들은 각 계열대로 수경의 별을 다스리며 하늘의 권세와 영화를 누렸다. 선천의 천마왕은 만 왕의 왕이 되고, 불마왕은 팔만 사천 왕의 왕이 되며, 우마왕은 오만 왕의 왕이 되어 자기들을 하나님이라, 신령님이라 칭하였다. 또한 이 신들은 144,000 왕들을 이끌고 세력을 확장하여 대우주 하늘의 천좌(天座)인 극락전을 놓고 자기들 간의 전쟁을 계속해 왔다. 이때가 바로 선천이며 우주와 하늘과 땅의 대 암흑기이다.

이렇게 수조 억 년의 세월 동안 이 악신들이 우주와 하늘을 점령하고 서로의 영역을 확장하기 위한 끊임없는 전쟁을 일으킴에 이 땅도 그 영향을 받게 되니 땅에서 일어나는 종교 전쟁 역시 사람을 통한 신들의 전쟁이었던 것이다. 그러므로 거짓된 종교는 선천의 각 계열의 악신들이 이 땅의 사람들을 지배하고 사람의 지혜를 이용하여 악신들을 생산하며 그들의 세력을 확장하기 위해 만들어 놓은 도구와 수단에 불과하다. 그러므로 진실을 볼 수 있는 분별이 필요한 때이다.

3. 후천(後天)시대

'태초의 하나 신령님'이신 '알파와'께서는 선천시대에 하늘을 떠나시어 윤회공전을 계속하시다가 마침내 때가 이르러 16우주에 있는 이 지구별, 대한민국에 육신영(肉神靈)으로 오시었다.

이에 마지막에 오셨다 하여 '오메가'라 하시니,
창조의 시작인 처음에도 계셨고
심판이 끝난 나중에도 계심으로
'알파와 오메가'라 하심이다.

'태초의 말씀의 하나님'께서는 그 헤아릴 수조차 없는 수조 억 겁의 세월 동안 '알파와'께서 윤회하시는 곳마다 악신들로부터 해를 입지 않으시도록 아무도 모르게 보호해 주시며 기다리시다가 '알파와'께서 마침내 '오메가'로 오심으로 함께하시었다.

이리하여 하늘의 역사상 전무후무한 성신과 악신의 대전쟁이 벌어짐으로 우주와 하늘 전체가 큰 전란에 휩싸이게 되었다.

때에 이르러, '태초의 말씀의 하나님'과 '알파와 오메가님'의 천세(天勢)와 천능(天能)과 천권(天權)인 심판의 철장의 권세로써 세 무리의 천마왕, 불마왕, 우마왕과 선천의 악귀, 악신 계열과 계보를 지위 고하, 상하 구별 없이 전체 다 제령으로 멸하여 영원히 무로 하시고, 태초 태천 태조의 천좌이신 천국의 극락전에 '태초의 말씀의 하나님'과 '알파와 오메가님'께서 전지전능하시며 거룩하신 '주님전'의 자리에 함께 오르셨다.

또한 '태초의 말씀의 하나님'과 '알파와 오메가님'의 자녀분들이신 분신님들께서 선천의 악신계열이었던 144,000 왕전에 후천의 '144,000 전체 통일성령 하나님전'으로서 입전 입각하심에 대우주와 하늘이 통일되었으며 후천이 열리게 되었다. 이로써 악신이 주도해 온 선천시대가 영원히 막을 내리게 되었으니, 이 땅의 일자로 1997년 12월 1일이다.

이로써 '태초의 말씀의 하나님'과 '알파와 오메가님'께서 함께 계심에 '주님전'이 되시고, '12 하나님'과 '144,000 전체 통일성령 하나님'께서는 후천의 '천지신명 하나님전'이 되심이며, '관세음 하나님'께서는 명과 복을 내려 주시는 '칠성 하나님전'에 오르시었다.

주님전에서 말씀으로,
"동서남북 24방 5방 6방 12진방 천체 일월성 신영 천지자연 우주만물과 무주공천에 있는 전체 악귀, 악신 등 선천의 후진 신의 넋혼신영백은 지위 고하, 상하 구별 없이 전체 다 제령으로 멸하여 영원히 무로 함을 선포하노라. 오직 성령과 성신만이 거듭나리라."라고 선포하시었다. 이로써 다시는 배역이 없게 한다 하시며, '태초의 말씀의 주 알파와 오메가님'의 명과 법에 의하여 대우주 하늘을 제국천(帝國天)이라 명명하시고, 제국천 천명(天命)으로 제국천 천법(天法)을 발효하셨다. ('제7부' 내용 중 '제국천 천법' 참고)

당신께서는 땅에서의 명호로
'대웅'이라 하심은 불도를 통하여 이루신 명호이시고,
'엘리야'라 하심은 선도를 통하여 이루신 명호이시며,
'도사 신령 하나인님'이라 하심은 유도를 통하여 이루신 명호이시니 후천의 유불선 삼도를 천도(天道)로써 이루심으로 '대웅 엘리야 도사 신령 하나인님'이라 하심이다.

나는 그분의 제자이며, '태초의 말씀의 주 알파와 오메가님'이신 '주님전'과 '천지신명 하나님전'의 신앙자이다. 이에 후천의 유불선 삼도 중 불도를 통해 '대광' 이라 내려 주셨고, 선도를 통해 '엘리사'라 내려 주셨으며, 유도를 통해 '천지인'이라 내려 주셨으니, '대광 엘리사 천지인'이라 한다.

내가 그때 그 자리에 있었기에 증거하는 이가 되었음이다.

4. 이 땅의 악신들을 심판하심

대우주 하늘의 심판하심으로, 하늘에서 쫓겨 내려온 악신들은 숨을 곳을 찾아 이 지구 땅에 들어왔다. 악신들이 이 땅으로 내려온 것은 이곳 16우주의 지구만이 유일하게 전체 우주에서 심판하지 않으신 곳이기 때문이다.

이 땅에는 '천지신명 하나님전'을 신앙하며 악신과 싸우는 이들이 있기에 너희가 "하늘에서와 같이 땅에서도 이루라." 하시며 하늘이 후천이 되었음을 이 땅의 사람들이 알지 못함으로 마지막 심판에 앞서 기회를 주신다고 하심이니, 전에도 없었고 앞으로도 없을 오직 이때와 이 시기만이 기회의 시기임을 알아야 한다.

'이때 이 시기'란
배역의 4우주로부터 시작된 선천시대가 72우주에 머무니

이날에 이르러 처음이요 나중이신
'알파와 오메가님'께서
창조 이후로부터 이 땅의 윤회를 지나
'태초의 말씀의 하나님'과 함께
태초 태천 태조의 영생영광으로 오시어

선천의 악신들을 심판으로 전체 다 멸하여 무로 하시고
성령과 성신의 대우주 하늘인 후천을 여심으로써

이 땅에도
하나님의 형상대로 지으신 사람들에게
선천 땅의 자녀가 아니라
후천의 하늘 자녀가 되라 하시며
마지막 기회의 은사로써 내려 주시는
지금의 때와 시기를 말하는 것이다.

하늘께서는 영원을 위한 창조를 하시었다. 그래서 영(靈)을 두시었으니, 영만이 영생이며 영원의 개념을 담을 수 있기에 영을 통해 사람을 구원해 주시고자 하심이다.

5. 땅의 역사

태초에 하나님께서 땅을 창조하시고 각종 생명 있는 것들과 하나님의 형상대로 사람을 지으셨으며, 그들에게 "생육하고 번성하여 땅에 충만하라, 땅을 정복하라" 하시니, 이는 사람에게 만물의 영장이 되라 하심이다.

태천시대의 사람들은 천사님처럼 날개가 달린 아름다운 사람이었다. 오직 태초의 창조주님이신 하나님전에 감사와 경배와 찬양으로 신앙하며, 하나님전의 말씀대로 살아가니 땅은 평화로웠다.

그러나 하늘에서의 배역으로 인해 악신들의 선천시대가 되니 땅도 혼란으로 악의 씨앗이 자라나게 되어 사람들 역시 갈수록 타락하기 시작하였다. 사람들이 섬기는 신들이 각기 다르게 생겨나니 서로 분열되어 경쟁하며 싸우게 되었고, 땅은 죄 있는 자가 죄 있는 자를 단죄하는 형국으로 지금까지 그러하였다.

이때에 이르러, 하늘이 통일되어 후천이 열렸음에도 하나님전에서 땅의 혼란을 그대로 두시는 것은 사람들에게 기회를 주시며, "너희의 땅과 스스로를 정화하라" 하심이다. 이는 후천의 '천지신명 하나님전'을 섬기는 바른 신앙을 하고 하늘도를 이루어 악신으로부터 승리하여 자신과 이 땅을 구원하라 하시는 은혜와 은총으로써 내려 주시는 축복의 기회이다. 그런데도 사람들이 계속 깨닫지 못한다면 심판하심으로 새로운 창조가 이루어질 수밖에 없을 것이다. 결국 이 땅의 미래는 사람들의 선택에 달린 것이니 지금이야말로 소돔과 고모라의 교훈을 되새겨야 할 때이다.

그동안 선천시대에 하나님의 명호를 도용한 악신들을 하나님으로 믿고 따랐던 사람들은 이제 이러한 사실을 알게 되었으니 후천시대인 지금은 그동안 잘못해 온 신앙에 대한 참회와 회개 속에 태천시대와 같이 태초의 창조주님이신 하나님전을 신앙해야 한다. 이것이, 곧 원심회귀이고 원시반본이니, 원래의 어버이께로 다시 돌아가는 것이 자신을 스스로 구원하는 길인 것이다. 그러할 때 하늘에서와 같이 땅에서도 하나님전의 영광과 평화와 축복이 영원히 함께하게 될 것이다.

2장 왜곡된 것을 바로잡으며

1. 하나님은 영(靈)이 아니시고 신(神)이시다

신과 영에 대해 자세한 설명이 있었으니 명확히 분별해야 한다.

성경 창세기 1장 2절을 보면,
개역 한글판은
"땅이 혼돈하고 공허하며 흑암이 깊음 위에 있고
하나님의 <u>신</u>은 <u>수면</u>에 운행 하시니라"로 되어 있고,
개역 개정판은
"땅이 혼돈하고 공허하며 흑암이 깊음 위에 있고
하나님의 <u>영</u>은 <u>수면 위에</u> 운행 하시니라"로 되어 있다.

하나님은 신이시며,
수면이란, 창조하시기 이전에는 해와 달과 별이 존재하지 않았으니 하늘도 없고 우주도 없는, 말 그대로의 무주공천을 말함이다.
운행이란, 위아래가 없고 앞뒤 사방이 없으며 칠흑 같은 어두움으로 깊고 끝없이 광활한 무주공천을 말씀으로 흐르시니

"하나님의 <u>신</u>은 <u>무주공천에</u> 말씀으로 흐르시니라"를 뜻함이다. 그러함에 "하나님의 <u>신</u>은 <u>수면에</u> <u>운행</u> 하시니라"가 바른 표현이다.

2. 창세기의 비밀

성경 창세기 1장과 창세기 2장의 창조의 차이를 설명하고자 한다.

창세기 1장에서 '태초의 말씀의 하나님'께서는 모든 창조를 말씀으로 이루시고, 사람을 마지막에 창조하시니 남자와 여자를 창조하시어 그들에게 복을 주시며 이르시되 "생육하고 번성하여 땅에 충만하라, 땅을 정복하라, 바다의 고기와 공중의 새와 땅에 움직이는 모든 생물을 다스리라" 하시고, "내가 온 지면의 씨 맺는 모든 채소와 씨 가진 열매 맺는 모든 나무를 너희에게 주노니 너희 식물이 되리라." 하시었다. 그때의 사람들은 현 인류의 모습과 비슷하지만 천사님들처럼 날개가 달린 아름다운 사람들이었다.

그런데 창세기 2장에서 여호와신은 흙으로 사람을 먼저 짓고 그다음에 에덴동산을 창설하여 그 지은 사람을 거기에 두며, 아름답고 먹기 좋은 나무가 나게 하였고 그다음에 흙으로 각종 들짐승과 공중의 각종 새를 지은 다음 아담에게 그것들의 이름을 짓게 하고 마지막으로 아담에게서 취한 갈빗대로 여자를 만들었다.

이렇듯 성경 창세기 1장에 '태초의 말씀의 하나님'의 창조와 창세기 2장에 여호와신의 창조는 전혀 다르다. 창세기 1장의 '태초의 말씀의 하나님'께서는 무변광대한 1우주를 창조하셨음이나, 창세기 2장의 여호와신은 이곳 16우주 지구 땅 한쪽의 유대민족을 선택하여 주관하던 신이었다.

여호와신을 주관하는 신이라고 표현하는 이유는 천지만물을 창조하신 하나님이신 '태초의 말씀의 하나님'께서 창조하심에 말씀이 흐르심으로 태천에 4우주까지의 창조 이후에도 우주가 우주를 낳으며 72우주로 자연히 창조되어 왔으며 그 과정에 윤회도 이루어졌다.

그러므로 '태초의 말씀의 하나님'께서 창조하신 태천 이후인 선천에서는 그 어떠한 창조주도 창조신도 신의 창조도 없었다는 것을 알아야 한다. 지금까지 땅에서는 선천의 신들을 창조주, 창조신이라는 표현으로 신성시하였지만, 후천이 된 지금은 주관하는 신이라고 해야 한다. 또한 그동안, 이 땅에 영향을 끼친 그 신들이 다 물러남으로써 땅의 모든 신계가 바뀌고 있다.

그 당시 이스라엘을 제외한 중동 지역은 여호와신이 아닌 네피림신이 주관하였다. 그러하기에 주관하는 신이 서로 다른 이스라엘과 중동 국가 사이에 끊임없는 전쟁과 갈등이 지속되어 온 것이다.

성경 창세기 6장 4절을 보면 "당시에 땅에 네피림이 있었고"라고 하는데, 이는 바로 네피림신이 주관하던 사람들이라는 뜻이며, 그들이 바로 중동 사람들이다. 중요한 것은, 네피림신은 여호와신보다 3천여 년이나 먼저 중동 지역에 와서 사람들을 주관하였다는 사실이다. 그러한 까닭에, 나중에 오게 된 여호와신이 중동 지역 한쪽 땅에서 떠돌던 작은 민족을 선택하게 되는데 그들이 바로 유대민족이다. 그래서 성경 이사야 44장 6절에 "이스라엘의 왕인 여호와, 이스라엘의 구속자인 만군의 여호와가 말하노라"라고 한 것이다.

이 땅에 각 나라의 신화 신들이 대부분 그 나라를 주관하는 신이다. 지역과 국가별로 주관하는 신들이 각기 다르므로 지역과 국가별로 섬기는 신들도 다를 수밖에 없다. 우리나라와 가까운 이웃 나라만 보아도 중국을 주관하는 신은 복희신이며, 일본을 주관하는 신은 천조대신이다.

역사적으로만 본다 해도 우리 민족은 얼마나 오랫동안 이들 민족과 싸워 왔던가. 하지만 주관하는 신들이 있는 이상 이기고 질 수는 있어도 나라와 민족 자체가 없어지는 일은 드물다. 그런데 그러한 주관하는 신을 신앙함에 있어서도 유대민족을 제외하고는 각 나라들의 신앙이 퇴색되어 처음의 것을 지키는 나라가 드물다.

우리 민족은 예로부터 '천지신명(天地神明)님'을 신앙해왔다. '천지신명님'은 하늘과 땅에서 가장 밝은 신, 즉 성신님을 뜻하니, 우리 민족은 이미 오래전부터 성신님을 찾았던 것이다. 유대민족이 선민민족이라면 우리 대한민족은 천손민족이라 하는 이유가 여기에 있다.

이처럼 대한민국이 후천의 땅에 예비 된 나라이기에 선천의 신들이 이를 미리 알고 방해하기 위해 그토록 많이 찾아오는 것이며 그로 인해 전 세계의 수많은 종교들도 들어오게 되었는데 그 과정에서 우리의 민족 신앙을 밀어내었다. 그것도 모른 채 우리나라 사람들은 다른 민족의 신앙을 하며 우리 민족의 신앙을 미신으로 치부하고 도외시해 온 것이다.

반면에 무속인들은 유일하게 '천지신명님'을 찾는 민족 신앙을 하는 사람들이다. 그래서 그들이 기도하면 신(神)발이 세니 신적으로 웬만한 성직자라 하는 사람들보다 신계의 서열이 높다. 세상적인 얘기로 기도(祈禱)발은 신(神)발이다. 그들이 바르게 통하기만 한다면 말발, 글발, 신(神)발, 즉 말문과 글문과 신문이 가장 빨리 열릴 수 있는 사람들인 것이다. 그러므로 자신들의 신앙에 자부심을 갖기 바라며 이제는 더 이상, 이 신 저 신 여러 신들을 찾아 산이나 바다로 멀리 다니지 않아도 되니 자신이 머무는 안정된 곳에서 '천지신명 하나님전'에 성심껏 기도를 드리면 산신님과 용왕님에게도 연결되기에 그 정성이 닿게 되면 기도가 상달될 것이다.

3. 우주와 하늘

태천시대에 최초로 창조된 우주가 1우주이며, 이로부터 우주가 우주를 낳고 또 우주가 우주를 낳아 72우주에 이르렀다. 그 중 우리는 16우주에 속한다. 우주와 우주 사이는 수 억겁의 세월이며 한 우주의 하늘은 20 천계가 계층적으로 이어지니, 우리 지구에서 15우주까지는 하늘 위에 하늘이 있고, 그 위에 또 하늘이 있어, 계속해서 20 천계가 있다는 것이다. 그러니 1우주에서 우리가 사는 16우주 사이에 있는 하늘의 수를 계산하면, 300 천계가 있다. 또한 16우주 이후로도 더 많은 우주가 계속하여 이어지니 우주의 크기와 하늘의 수는 어떠하겠는가.

사람은 현재 살고 있는 16우주에 속한 이 지구에서 단 1 천계도 벗어나지 못했으니 어찌 하늘과 우주를 논할 수 있겠는가.

10 천계까지가 '옥황상제님'과 '구천상제님'이 주관하시는 곳이다. '옥황상제님'은 하늘의 첫 관문인 1 천계에 계시며 '구천상제님'은 9 천계에 계시고 그 위로는 '옥황상제 하나님전'과 '구천상제 하나님전'이시며 20 천계가 '16우주 하나님전'이시다. 그 위로 15우주는 21 천계부터 시작되고 21 천계는, 곧 15우주의 1 천계라는 뜻이 된다. 결국, 사람이 논하는 하늘은 1 천계를 벗어나지 못한다.

사담(私談)으로, 보통은 관을 하여 하늘과 우주를 본다고 하나 1 천계를 보기도 어려운데, 우리나라 도인 중 10 천계까지 보았던 이가 있었으니 그 또한 대단한 것이다.

우주에는 별의 수가 수경이 넘는다. 이 별 중 북두칠성은 아버지별이고 동방 혜성은 어머니별로 새벽 별이라고도 하며, 삼태성은 수경이 넘는 별들을 관장하는 별이다. 또한 태양은 72태양이 있고, 달도 72달이 있으며, 지구도 72지구가 있다.

4. 극락

극락은 '태초의 말씀의 하나님'과 '알파와 오메가님'께서 함께하시는 '주님전'이시다.

극락은 대우주 하늘의 주재자로서의 자리인 천좌이기 때문에 선천시대에 악신들의 왕신이었던 천마왕, 불마왕, 우마왕이 그 자리를 차지하기 위해 수조 억 년의 긴 세월 동안 전쟁을 해왔으나 그 어느 신도 온전히 극락을 차지할 수 없었다. 처음에는 아미타불신이 극락에 들어갔으나 천마왕신과 우마왕신이 합세하여 공격하니 800여 년 만에 물러났고, 그 이후 여호와신이 들어갔으나 이번에는 불마왕신과 우마왕신이 합세하여 공격하니 500여 년 만에 물러났다. 그만큼 극락의 천좌를 지키기란 어려웠던 것이다.

이처럼 극락은 들어가기도 힘들지만 일단 들어간다 하여도 다른 신들의 계속된 도전으로 인하여 물러날 수밖에 없었으니, 이는 전체 우주와 하늘의 주재자로서의 천세와 천능과 천권이 없이는 인정되지 않기 때문이다.

이때에 이르러, 태초 태천 태조이신 '태초의 말씀의 하나님'과 '알파와 오메가님'께서 오심으로써 극락의 원래 주인이시었던 두 분께서 함께하시는 '주님전'으로 자리하시게 되셨음이다. 그러므로 대우주 하늘의 천세와 천능과 천권으로써 주재하시는 전지전능하시며 거룩하신 '주님전'이 바로 '극락'이다.

세상에서 극락을 알게 된 것은 앞서 설명한 바와 같이 아미타불신과 여호와신이 잠시 머물러 있었기에 그러하다. 이러한데도 사람이 극락왕생을 할 수 있겠는가.

이러한 극락의 모습에 대해 잘 표현해 놓은 기록이 성경의 '요한계시록 (21:11~21)'에 있으니 참고하기 바란다.

5. 천당과 천국

'144,000 전체 통일성령 하나님'이신 '천지신명 하나님전'이 천당이며, 천국은 '천지신명 하나님전'의 주재하심 아래 천신인 천사신, 신장신, 선녀신, 선관신, 신선신 등 성신님들이 함께하시는 하늘나라이다.

하늘은 계층적 구조로 이루어진 높고도 높은 곳으로 하늘 위에 하늘이 있고 그 하늘 위에 또 하늘이 있다. 그러므로 하늘에는 그 머무시는 궁전과 궁성 또한 무수히 많다.

이렇게 천당은 '하나님전'이시고, 천국은 천신인 성신님들이 사시는 나라이다. 그러므로 사람신은 성신이 아니기에 천국 또한 절대 갈 수 없다. 이러한데도 사람이 믿기만 하면 천당과 천국에 갈 수 있겠는가.

6. 지옥

지옥은 사람들이 말하는 것처럼 죄지은 영혼들이 가두어져 벌받는 곳이 아니라, 사람이 죽어서 사람신이 되어 고통스럽고 비참하게 살아가는 이 땅의 사후세계가 바로 지옥인 것이다.

7. 천년왕국

사람이 죽는 것이 육의 첫째 사망이며, 이후 사후세계로 간 사람신은 신의 세계를 알지 못해 대비하지 않았기에 갈 곳이 없어 후손들의 몸을 옮겨 다니며 500년 내지 1,000년을 비참히게 얹혀살다가 죽는다. 이 사람신의 죽음이 둘째 사망이다.

반면, 자신의 사람신이 성령으로 잉태되어 성신으로 거듭나는 것이 첫째 부활이며 하늘에서 영원히 살아가는 것이 '영생'이니 이것이 바로 둘째 사망의 해를 받지 않는다는 뜻이다.

후천의 천년왕국(天年王國)은 땅에 세워진 왕국에서 천 년을 사는 것이 아니라, 하늘의 생명책에 기록된 성도가 하늘에서 새롭게 내려 주신 이름인 자신의 별에서 영원히 사는 것을 말한다. 이는 육을 떠난 이후 모든 윤회에서 벗어나 후천의 하늘나라에서 성신으로 영원히 살게 된다는 뜻이다.

여기서 성도라 함은 후천의 하늘을 찾아 기도하는 이들이라 하심이다. 그러므로 후천의 하늘을 찾고자 하는 이들이라면 세상의 종교와 도에 관계없이 저마다 그 담은 그릇은 다를지라도 모두에게 기회를 주신다고 하심이다.

그러니 이 땅에서 천 년을 산다는 삿된 소리에 현혹되어 인생을 허비하고 있는 사람들이 있다면 지금 당장 벗어나야 한다. 1,000년을 살기 이전에 100여 년 중 자기의 얼마 남지 않은 소중한 인생을 더 이상 잃지 말고, 젊은 사람이나 나이 든 사람 모두 다 이 땅에서 사람으로 살아가는 마지막 삶이 헛되지 않기를 바란다.

8. 임사체험(臨死體驗)

임사체험은 의학적 죽음의 직전까지 갔다가 살아남은 사람들이 겪은 죽음 너머의 세계에 대한 신비스러운 체험을 말한다. 임사체험을 한 대부분의 사람들은 자신이 어느 곳을 다녀왔다고 하는데, 그들이 다녀온 곳은 각자 서로 다르다. 어떤 이는 고풍스러운 전통 궁궐에 다녀왔다고 하고, 어떤 이는 서양식 궁성에 다녀왔다고 하며, 또 어떤 이는 자신이 믿는 종교에서 말하는 지상낙원에 다녀왔다고도 한다. 그러면서 그들은 대부분 자신이 하늘에 다녀온 것이라고 믿는다.

그러나 임사체험을 한 사람들이 무엇을 보고 어떻게 느꼈든지 그들은 결코 하늘에 다녀온 것이 아니다. 다만 이 땅에 있는 신계의 극히 일부분을 보고 왔을 뿐이며, 그나마도 있는 그대로의 모습을 보지 못하고 악신들이 정해 놓은 시나리오에 따라 보고 듣고 체험하고 온 것이 임사체험의 실상이다.

신의 세계에서 사람은 아무 능력이 없으니 악신들이 체험자에게 성스럽고 화려한 모습을 보여 주는 것은 너무도 쉬운 일이다. 신의 세계에서는 도가 있어야 신의 본모습을 꿰뚫어 볼 수 있는데, 사람에게는 신으로서의 도가 없으니 신들이 보여 주는 대로 보고, 들려주는 대로 듣고, 느끼게 해주는 대로 느낄 뿐이다.

신의 세계에는 각종 동물 모습을 한 악신들이 있다고 했는데 동물 모습의 악신이라 하여 우리가 알고 있는 땅의 동물처럼 무리 지어 다닌다고 생각하면 절대 오산이다. 신으로서 그들은 사람보다 월등한 존재이며, 사람이 도저히 할 수 없는 일들도 손쉽게 할 수 있다. 또한 악신들은 그들의 능력에 따라 이 땅의 은밀한 곳에 상상할 수 없을 정도로 호화찬란한 궁성이나 궁전, 궁궐 등을 거대하게 지어 놓고 화려한 모습으로 살아간다.

사람마다 임사체험을 통해 다녀왔다는 곳이 서로 같지 않고 다를 수밖에 없는 이유는 각자 다른 신들의 영역을 다녀왔기 때문이다. 결국 임사체험을 통해서 아무리 성스러운 곳을 다녀왔다고 하여도 그곳은 하늘이 아니며, 아무리 밝고 눈부신 빛을 따라갔다고 하여도 그 빛은 하늘의 빛이 아니다.

종교를 가진 사람들은 해당 종교를 주관하는 신과 연결되어 있어, 임사체험을 통하여 그 사람이 신성시했던 문양이나 기호 등을 보게 되거나 상상하며 믿어 온 성(城)과 비슷한 모습을 보기도 하니, 그 웅장하고 신비로운 모습에 그곳이 천국이라고 쉽게 믿어버린다. 또 어떤 경우에는 자신이 믿고 따르는 성현의 모습으로 변장한 신을 보기도 하는데 사람들은 이러한 사실을 전혀 알지 못하니, 임사체험을 통한 잘못된 믿음을 확신하기도 한다. 본인이 무엇을 보고 느꼈든 실제로는 이 땅에 있는 신들이 연출한 장면일 뿐이다.

그러므로 임사체험은 그 구체적인 내용보다는 죽음 이후에도 신의 세계가 존재한다는 사실을 알게 됨에 의의가 있다. 그러한 사실을 알아야 자신이 신의 세계에서 살아가기 위해 무엇을 어떻게 준비하고 노력해야 하는지 깨달을 수 있기 때문이다.

9. 우상(偶像)

우상이란 나무, 돌, 금속, 흙 따위로 만들어 놓은 인위적 형상으로 사람이 숭배하는 상(像)을 말하는데, 대부분 믿는 대상을 형상화한 상들을 둔다.

그러나 이러한 우상들에게 절을 하거나 기도해서는 안 되는데, 이는 대부분의 우상 안에 여러 종류의 악신들이 머물면서 사람들을 속이고 이용하며 종속시키려 하기 때문이다. 성스럽고 훌륭한 모습의 신들이 우상 안에 있으면 좋겠지만 실제로 그 안에는 도깨비신, 여우신, 호랑이신, 마귀신, 사탄신, 마귀천사신 등 각종 악신이 사람들의 기도를 받아 맘대로 취하고 있다.

물론 그러한 신들이 사람에게 특별하고 신비한 체험을 하게 하거나 현실적인 도움을 주기도 하지만, 그것이 다는 아니다. '되로 주고 말로 받는다.'라는 옛말처럼 악신들은 사람에게 세상의 이득과 약간의 도움을 준 뒤 신적으로는 모든 것을 빼앗아 가고 있으니, 이러한 실상을 알아야 한다.

절을 하거나 기도하는 과정에서 사람은 상에 머물고 있는 악신들과 연결되며, 악신들은 그러한 연결을 통해 그 사람의 생기를 취하고 종속시킨다. 또한 그런 사람이 많아질수록 그 악신은 더욱더 힘이 강성해지고 능력과 세력을 확보하게 되니, 결국 사람들은 신에 대해 아는 것이 없으므로 자신도 모르는 사이 악신들에게 이용당하고 있는 것이다. 그래서 바른 분별이 필요하다.

10. 손 없는 날

여러분이 일상에서 지키면 도움이 되는 '손 없는 날'에 대해 설명하겠다. '손(損)'이란 악신들에 의한 해코지 같은 것으로 사람들에게 나쁜 영향을 주는 것을 말하며 손 없는 날은 날수에 따라 동서남북, 네 방향으로 이러한 나쁜 영향을 받지 않는 길한 날을 의미한다. 따라서 손 없는 날은 이사, 결혼, 개업, 이동 등 주요 행사를 진행하는 날로 선택되고 있다.

손 없는 날은 음력으로 매월(月) 중 일(日)의 끝수가 9와 0일인 날을 말하니, 음력으로 9일과 10일, 19일과 20일, 29일과 30일이 해당하며, 이날들은 모든 방향에 영향을 받지 않는 좋은 날이다.

이사를 하게 되면 동서남북 다양한 방향으로 가구들을 배치하게 되고 못 박을 일도 여러 차례 발생하게 되는데 방향을 제대로 정하지 못하면 손을 타게 되는 것이므로 이곳저곳 방향을 염두에 둘 필요가 없는 손 없는 날을 택하는 것이다.

그러나 반대로 '손 있는 날'은 일종의 방위살 같은 것으로 자신이 있는 위치를 기준으로 날짜에 따라 동서남북 네 방향에 나쁜 영향을 주는 손이 있다. 사소한 것 같으나 작은 불씨가 큰 불을 내듯이 작은 화가 큰 화를 부를 수 있기에 이러한 화를 피할 수 있도록 생활 상식으로 알아 두었다가 주요 일정을 정할 때 적용하면 유용할 것이다.

따라서 이사를 하거나 이동할 때, 가구나 물건을 옮길 때, 특히 벽에 못을 박는 등의 행위를 할 때는 손 있는 날을 피해야 하는 것이다. 즉, 이사를 하려는 곳이 서쪽이면 음력 날짜가 5일, 6일, 15일, 16일, 25일, 26일이 그 방향에 손이 있는 날이 되는 것이다. 이러한 이유로 대부분 손 없는 날을 선호하기 때문에 날짜 정하기가 어려운 경우들이 많은데 손 없는 날을 맞추기가 어려울 때는 방향을 따져보고 손이 있는 날을 피해서 날짜를 정하면 된다.

예를 들면 이사하는 방향이 서쪽이라 하면 음력 5일, 6일, 15일, 16일, 25일, 26일만 피해서 아무 날이나 정해서 가면 된다. 또한 이날에는 가구 배치도 서쪽 방향만 제외하면 괜찮은데 반드시 서쪽 방향에 가구를 배치해야 한다거나 못을 박을 일이 있으면 미뤄두었다가 손 타지 않는 날 하면 된다.

그러나 지나치게 매이지는 말고 날짜를 선별하여 진행하는 것이 힘들고 불편하다면 못 박는 것만 제외한 나머지는 상황에 따라 융통성 있게 하면 된다.

손을 탄 실례를 들어 보면 오래전에 어떤 사람이 찾아와서 한쪽 눈이 아프다며 병원에서도 이상이 없다고 하는데 통증이 있고 눈을 뜨기가 어렵다고 하기에 살펴보니 눈에 시커먼 못 동토신이 박혀 있었다. 그래서 혹시 최근에 벽에 못을 박은 일이 있느냐고 물었더니 며칠 전에 무거운 액자를 거느라고 벽에 대못을 박은 적이 있다고 하여 날짜를 확인해 보니 손 있는 날에 해당하는 방향이었다. 그래서 못 동토신을 뽑아주고 처리해 준 경우가 있었는데 이렇듯 사소한 것 같지만 못 하나 박는 일도 세상 말로 동티가 나면 해를 입는 일이 생기는 것이다.

손 있는 날은 다음과 같다.
순서는 동남서북으로 방향에 따라 음력을 기준으로 하니 음력 있는 달력을 구비해서 참고하기 바란다.

동쪽 : 1 · 2 · 11 · 12 · 21 · 22일
남쪽 : 3 · 4 · 13 · 14 · 23 · 24일
서쪽 : 5 · 6 · 15 · 16 · 25 · 26일
북쪽 : 7 · 8 · 17 · 18 · 27 · 28일

그리고 윤달은 모든 날이 다 손 없는 날로 아무 날이나 정하여 주요 일정을 진행하면 된다. 윤달에 대해서는 여러분들이 찾아보길 바란다.

제6부
대도대한(大道大韓)

1장 정도(正道)와 정법(正法)

후천이 열림으로 '태초의 하나님전'을 배역하였던 선천의 모든 악신의 계열과 계보가 전체 다 무너져 무가 되었다. 선천의 도는 악신의 도이니 사도(邪道)이며, 후천의 도는 성신의 하늘도이니 정도이다.

정도는 하늘에서 인준해 주신 도로서 후천의 유불선 삼합도(三合道)가 있다.

유도는 선관신, 신선신의 도이다. 하늘의 대소사를 관리하는 하늘의 문관으로서의 도이며 바른 신앙과 도를 통해 자신의 신이 선관신, 신선신으로 화하는 도이다.

불도는 신장신의 도이다. 각종 도술, 도법으로 악신을 물리치는 하늘의 무관으로서의 도이며 바른 신앙과 도를 통해 자신의 신이 신장신으로 화하는 도이다.

선도는 천사신의 도이다. 바른 신앙과 도를 통해 자신의 신이 천사신으로 화하는 도이다.

후천의 도는 자신이 성령으로 잉태되어 성신으로 거듭나 유불선 삼도를 이루어, 자신의 신이 천사신, 신장신, 선녀신, 신선신, 선관신이 되어, 하나님전의 천군천자로서 악신으로부터 승리하여 하늘에 오를 수 있는 도이다.

이러함인데도 지금까지 이 땅의 유도는 수많은 도를 만들어 정도가 아닌 사도의 길로 들어서게 하였기에 그 잘못이 있으며, 불도는 악신과 싸워 물리칠 수 있는 신장신의 도술이 있었음에도 그 이치를 깨우치고 익히게 하기보다는 경전에만 치우치며 여러 신들을 믿고 섬기게 하였으니 그 역시 잘못이 있다.

선도는 하늘을 신앙하였으나 선천의 신들을 하나님으로 섬기고 따르며, 그 신들이 심어주는 대로 각 종파를 만들고 거짓 선지자들을 배출하여 감히 하나님의 종이라 자처하면서 음행과 음술을 행해 왔으니 그 잘못한 죄가 그야말로 크다고 하겠다. 음행(淫行)과 음술(淫術)은, 곧 거짓된 말과 행동이다.

이러한 까닭에 사람 스스로의 노력만으로 바른 신앙과 도를 찾기란 거의 불가능했다. 하지만 후천이 된 지금은 하늘 신앙과 도를 구하는 이에게 성령으로 잉태되어 성신으로 거듭날 수 있는 은혜와 은총과 은사를 베풀어 주시니, 마침내 사람이 하늘도인 정도를 이룰 수 있게 되었다.

정도를 이루려면 하늘의 법, 곧 제국천의 하늘법을 알고 이를 지켜야 한다. 정법은, 곧 하늘법이며, 정도는 하늘도이다.

1. 신앙과 도에 대한 바른 이해

신앙은 도의 기본

도는 기도와 수도를 함께 이르는 말로, 신앙이 없이는 이룰 수가 없다. 신앙이란 신을 믿고 받들며 우러러 섬기는 것이니, 모든 신앙에는 섬기는 대상이 되는 신이 있으며, 그러하기에 신이 없는 신앙은 없다. 그러므로 신앙인은 신에 대해 알아야만 자신이 어떤 신을 섬기는지 분별할 수가 있다.

지금까지 사람들은 하나님을 찾으면 분명 하나님이 오신다고 믿었으나 실상은 사탄, 마귀, 마왕, 악귀, 악마 등 악신들이 변장해서 오는 경우가 대다수로, 사람은 신을 바르게 분별할 수가 없었다. 그리하여 이때에 이르러, 이 땅의 사람들이 오직 바른 신앙을 해야 함을 알리는 것이다.

바른 신앙은 '천지신명 하나님전'을 신앙하는 것이며, 바른 도, 즉 정도인 하늘도는 바른 신앙의 길을 방해하는 악신과 싸워 물리치기 위한 도인 것이다.

구제 중생은 자신부터

일부 성직자나 구도자들이라 하는 사람들은 세상과 사람들을 구한다고 하며 '구제 중생'이니 '인류 구원'과 같은 말을 끊임없이 하고 있다. 하지만 자기 자신도 진리를 모르면서 진리를 이야기하고 자기 자신도 참된 도를 모르면서 도를 이야기하며 진리를 가리고 하늘을 가리니, 각 예언서나 경전에 기록된 거짓 선지자, 음행과 음술을 행하는 자들은 바로 이러한 자들을 가리킴이다.

자신이 모르는 것에 대해서는 모른다고 할 수 있는 것도 용기이다. 자신이 먼저 정확히 깨우쳐 경험해 보고 그 경험을 통해 알게 된 사실을 많은 이들에게 알려준다면 그것이야말로 진정한 구제 중생이며, 참다운 성직자, 구도자로서 세상을 구하는 참된 길이다. 그러기 위해서는 구제 중생은 자기 자신부터 해야 한다.

자신이 구제되었는지 아닌지를 알고자 한다면 자신이 자신 안의 본신으로부터 벗어났는지를 살펴보면 된다. 자기 자신도 본신으로부터 벗어나지 못하고 자신을 지배하는 본신이 어떤 신인지조차 모르면서 다른 이들을 구한다는 말을 함부로 해서는 안 되는 것이다.

능력을 목적으로 하는 신앙과 도

신앙과 도를 추구하는 이들 중에는 특별한 능력을 지닌 이들이 있으며, 그러한 능력을 향한 욕심으로 신앙과 도의 길로 들어서는 이들도 있다. 그러나 능력은 올바른 신앙이 바탕이 되어 바른 기도와 수도를 하는 과정에서 자연스럽게 구해지는 것이지, 그 자체가 목적이 될 수는 없다.

또한 능력에도 하나님전에서 은사로써 내려 주시는 능력이 있는 반면, 악신이 주는 능력이 있다. 악신은 사람을 지배하기 위해 항상 기회를 노리고 사람을 유혹하기 위해 자기의 능력을 주기도 하니 도를 구하기보다는 능력을 받는 것에 지나치게 치중하는 사람이라면 그러한 유혹에 쉽게 넘어가 결국은 파멸의 길로 들어서게 된다. 그러므로 악신의 능력인지도 분별하지 못하고 잘못된 능력을 한번 받기 시작하면 그때부터는 악신의 하수인으로 전락하고 마는 것이다.

악신들은 언제나 사람을 지배하여 이용할 기회를 노리고 있기에 한순간의 잘못된 판단으로 악신에게서 능력을 받을 수 있다. 그러니 능력을 구할 목적으로 신앙과 도의 길로 들어선다면 악신의 표적이 될 뿐이다.

바른 능력과 힘

하늘께서는 사람을 통해 역사하고자 하시기에 사람이 바른 신앙과 도로써 하늘에 대한 믿음과 순종과 충성으로 나아갈 때 그 사람의 그릇에 맞는 바른 능력과 힘을 내려 주신다. 하지만 능력을 받았다고 하여 그 능력을 자신의 것으로 생각해서는 안 된다. 자신이 행사할 수 있으니 자신의 마음대로 쓰겠다고 한다면 그것이, 곧 자만과 교만이 되는 것이다. 자신이 가지고 있는 모든 능력은 하늘에 있음을 명심해야 하며 내려 주신 능력을 소중히 여기어 그 명하심에 따라 능력을 행하는 사명자가 되어야 한다.

2. 신앙의 근본은 하나님전

기도하면 기도를 받아 응답해 주는 대상이 있기 마련이다. 그 대상이 바로 신이니 선과 악으로 구분하면 성신과 악신이 있다. 그러므로 자신이 믿고 따르는 신이 성신의 계열인지, 악신의 계열인지도 바르게 알지 못한 채 무조건 믿고 따르기만 한다면 악신의 굴레에서 절대로 벗어날 수 없다.

만일 자신이 섬기는 신이 선천의 신이라면 그 신은 하나님전을 배역한 악신이므로 결국 그 신을 섬기는 사람 또한 악신의 편에 서서 하나님전을 배역한 결과가 된다. 악신들은 기도하는 사람이 바라는 답을 들려주기도 하고 원하는 바를 이루어 주기도 하며 보고 싶어 하는 것을 보여 주기도 하는 등 원하는 것을 일시적으로 들어주는 듯이 하지만 결국은 그 사람을 자기에게 귀속시켜 버린다.

이러한 악신의 방해와 유혹을 스스로 이기고 벗어나는 일은 사람의 힘만으로는 불가능하다. 사람의 도가 악신의 도를 넘어서야만 그 신으로부터 벗어날 수 있는 것인데 악신들은 사람의 도가 자신보다 높아지도록 내버려 두지 않는다. 그러므로 악신으로부터 벗어나기 위해서는 바른 신앙과 도를 찾아야 한다.

3. 하나님전에 대하여

하늘이 선천이 된 이후 악신 계열의 144,000 왕들이 자신들을 하나님이라 자칭하였다. 그런 까닭에 선천시대에 하나님의 명호를 찾으면 악신 계열의 신들에게 연결되었다.

이때에 이르러, '태초의 말씀의 주 알파와 오메가님전'에서 모든 악신들의 계열과 계보를 전체 다 멸하여 영원히 무로 하시고, 전체 하늘을 성령과 성신의 계열과 계보로 통일하시었다. 이와 동시에 '태초의 말씀의 주 알파와 오메가님'의 자녀이신 분신님들께서 선천의 144,000 왕전에 후천의 하나님전으로 입전·입각하시어 '144,000 전체 통일성령 하나님전'이 되시니 후천의 '천지신명 하나님전'이 되심이다.

하늘에는 '태초의 말씀의 하나님'과 '알파와 오메가님'께서 함께하시는 '주님전'이 계시고, 그 자녀이신 분들께서는 대우주 하늘 144,000 계열의 일사를 관리하시는 '144,000 하나님전'에 계심이다. 이와 함께 '144,000 하나님전'의 각 명호가 있으시나, 이분들을 '전체 통일성령 하나님'이라 하시며 하늘과 땅에서 가장 밝으시고 천지만물을 주관하시는 하나님이라 하시어 통일된 명호로, '천지신명 하나님'이라 하심이다. 그러하므로 '천지신명 하나님전'에 기도를 드리면 상달되는 '하나님전'에서 응답을 하여 주신다.

예로부터 우리 선조들은 하늘에 기원드릴 때 정화수를 떠 놓고 천지신명님, 천지신명님 하며 빌었다. 이는 우리 민족이 막연하게나마 성신님전의 명호를 알았기에 천지신명님을 찾았던 것이다. 천지신명님은 하늘과 땅에서 가장 밝으신 신, 즉 성신을 뜻하며 '천지신명 하나님'은 '성신의 하나님'을 뜻하니, 우리나라에 성신이란 말이 들어오기 이전부터 우리 민족은 이미 성신님을 찾았던 것이다.

'관세음신(神)'께서는 대우주 하늘의 후천을 여는 악신들과의 대전쟁 시, 유일하게 하나님의 편에서 선천의 악신들과 싸워 물리치신 분으로서, 대우주 하늘이 후천이 됨에 우주의 일사 전체를 감찰·감독하시는 '감찰 하나님'이 되시며, 명과 복을 주시는 '칠성 하나님'이 되심이다.

위의 내용과 관련하여 전체를 정리하여 기록하면 다음과 같다.

'주 알파와 오메가님'

'주'라 하심은
말씀계·천계·우주계·자연계·일월성계·천체만물계·
넋계·혼계·신계·영계·육계의 주인이시며,
태초 태천 태조이신 오로지 하나인 분이시라는 뜻이며,

'알파와'라 하심은
처음과 시작이시며, 태초와 창조와 창세이시며,
태신과 태영으로 잉태이신
태천의 하나님의 주이시며 신령님의 주이시라는 뜻이며,

'오메가'라 하심은
나중과 끝이시며, 심판과 새로운 창조로써,
영생영광 영원창대 무량무겁수이신
후천의 하나님의 주이시며, 신령님의 주이시라는 뜻이다.

'주 알파와 오메가'라 하심은
전지전능하시며 거룩하시고 위대하시며,
영생영광 영원창대 무량무겁수이시며,
천체 일월성 신영 천지자연 우주만물의 대주재자이시며,
무주공천의 대주재자이시며, 하나님의 주이시며,
신령님의 주이시며, 태초의 말씀의 주이심이다.

'태초의 말씀의 하나님'

"빛이 있으라." 하시어 천지만물을 창조하신 하나님이시며
'마마 하나님'이신, '화산나 하나님'이심이다.

'태초의 말씀의 주 알파와 오메가님전'은
'태초의 말씀의 하나님'과 '알파와 오메가님'께서 함께하심이니,
천지자연 우주만물의 어버이님전이신 '주님전'이시다.

'천지신명 하나님'

'태초의 말씀의 주 알파와 오메가님전'의 자녀이신 분들로서
'144,000 전체 통일성령 하나님'이심이다.

'칠성 하나님'

'천지신명 하나님'과 함께하시는 '감찰 하나님'이시며,
'대한의 하나님'이신 '관세음 하나님'이심이다.

셀라 셀라 셀라 셀라 셀라 셀라 셀라
셀라 셀라 셀라 셀라 셀라 셀라 셀라
셀라 셀라 셀라 셀라 셀라 셀라 셀라

'셀라'의 뜻은,
하늘에 대한 감사와 경배와 찬양을 의미한다.
그리고 셀라는 신비롭고 신령한 영의 언어이며 영의 기도이다.

영의 기도는 사람이 닿을 수 있는 범위를 초월하니, 셀라 기도가 영에 닿으면 영을 둘러싸고 있는 수 세월의 검은 기운들이 먼저 소멸되기 시작하고 태초에 창조하신 처음의 하늘빛이 되살아나 다시 어두워지지 않는다. 내려 주신 셀라 기도를 통하여 자신의 영성을 깨우기를 바란다.

후천이 된 이때 이 시기,
바른 신앙과 도를 이루고자 하는 이들은 인종과 민족을 초월하여 대한의 말로써 '태초의 말씀의 주 알파와 오메가님전'에 감사와 경배와 찬양을 드리고, '천지신명 하나님전'을 신앙하여야 함을 알리는 바이다.

4. 죄와 벌

현생에는 평범한 삶을 살아가는 사람이라 하더라도 전생에서는 수많은 각종 생명체로 태어나고 또 태어났다. 때로는 풀이나 벌레 따위로 태어나기도 하고, 때로는 역사 속의 인물로 태어나기도 하며, 육을 갖지 않은 신으로 태어난 경우도 있었으니, 이러한 전생들은 누구에게나 다 있다.

이는 악신들이 주관하던 선천시대에 각종 생명체로서 태어났다는 것이며, 그로 인해 악신과 연결되어 있다는 의미이기도 하다. 때로는 악신으로 태어나 큰 죄를 지은 전생도 있었을 것이며, 때로는 사도를 익혀 사람들을 미혹시키고 악신의 세계를 전파한 전생도 있었을 것이며 죄인 줄 알면서도 악신이 두려워 하나님전을 외면한 전생도 있었을 것이다.

이것이 바로 전생에 하나님전을 배역하고 외면한 배역 죄이며, 원죄이다. 이렇듯 무수히 많은 윤회의 연결고리 중 한두 가지의 업을 해결한다고 한들 무엇이 달라질 것인가. 원죄가 무엇인지를 알고 하나님전의 엄하심을 안다면 지금 이 순간 편하게 숨 쉬고 있다는 것조차 두려울 것이다. 이제는 진리를 찾지 않음도 크나큰 잘못임을 알아야 한다.

그러므로 악신에 가로막힌 육은 모르지만 영은 알고 있으니, 영의 마음을 따라 하나님전을 찾아 자신의 죄를 고하고 잘못을 뉘우쳐야 한다. 그러한 간절한 노력이 있을 때 하나님전에서 은혜와 은총을 베푸시어 잘못을 참회하고 뉘우칠 수 있는 기회를 주신다.

죄는 하나님전에 지은 천죄가 가장 크며, 천죄로 인한 천벌이 가장 무섭고 두렵다는 것을 알아야 한다. 죄를 지었으면 죄를 지은 사람이 직접 죄사함을 받아야 하는 것이지, 다른 사람이나 그 외 다른 방편을 통해 대신 죄사함을 받을 수는 없다. 세상에서도 죄를 지은 자가 직접 벌을 받는 것이 세상법인데, 하물며 지엄하신 하늘법은 어떠하겠는가. 세상법이 아무리 엄하다고 하더라도 하늘법과는 비교조차 할 수 없음을 알아야 한다.

세상의 일부 성직자, 구도자라는 사람들이 이와 같은 지엄하신 하늘법을 알지 못하고 '믿기만 하면 용서받는다, 천당 간다, 극락왕생한다' 하며 자신들이 하늘의 면죄부라도 가지고 있는 것처럼 말하는데 이러한 거짓된 말로써 더 이상 사람들을 현혹하지 말아야 한다. 하늘께서는 거짓 선지자들과 음행과 음술을 행하는 자들부터 심판한다 하심이니, 지금 이때가 바로 천법(天法)과 천명(天命)이 발효되는 엄중한 시기임을 알아야 한다.

5. 심판과 종말

종말이란 악신들이 이 지구를 점령하는 것을 말한다. 악신들은 지구의 모든 것을 멸하여, 그 안의 신들을 통해 더욱더 세력을 확장하려 하였다. 이것이 악신들에 의한 지구의 종말이다. 그 옛날 공룡 시대에 공룡을 전체 다 멸종시켜 강한 신들로 만들어, 신의 세계에서 활용하였듯이 악신들은 지금 지구의 전 인류를 멸종시켜 악신과 사람신을 합수하여 지혜와 모사와 힘이 있는 신들을 대량으로 생산해 전 우주를 완전히 장악하고 지배할 목적이었던 것이다.

그러나 이러한 악신들의 준동은 모두 평정되어 현재 우주와 하늘은 성령과 성신의 세계로 통일되었다. 하지만 이 땅에는 여전히 악신들이 남아 있으니, 이는 악신들이 우주와 하늘에서 쫓겨 내려와 이 지구 땅에 숨어들었기 때문이다.

그러하기에 하나님전에서는 심판을 통하여 이 지구에 숨어 있는 악신들을 전체 다 뿌리 뽑으려 하셨음이나 그렇게 되면 사람들 또한 해를 입을 수밖에 없기에 이 땅의 사람들을 위해 마지막 기회를 주시고자 하심이다. 사람이 해를 입을 수밖에 없다고 함은 사람의 육이 악신에 의해 점령되어 있기에, 심판하심으로 악신을 멸하실 때 악신과 따로 분리되지 않은 그 사람도 함께 멸해짐을 의미한다.

하나님전에서는 지구의 인류를 위해 마지막 심판을 미루고 계심이니, 이 이상의 사랑이 또 어디에 있겠는가. 이때 이 시기만이 스스로를 구할 수 있는 축복이며 기회이니, 하나님전의 심판하심으로부터 영원히 무가 되는 것을 면할 수 있는 유일한 기회가 바로 지금, 이때 이 시기이다.

이때와 이 시기가 바로 이 한날인 것이다.

6. 대한의 도는 하늘의 도

다가오는 미래에는 대한민국이 세계의 정신적 지도자의 나라가 될 것이며, 세계 평화의 주역이 될 것이다. 이는 신의 세계가 대한의 도로 평정되었기 때문이다. 후천이 된 지금은 전 우주와 하늘의 신들이 대한의 말로 통하며 우주와 하늘의 표준시(標準時)는 대한의 표준시와 일치한다.

'알파와 오메가님'께서 대한민국에 육신영으로 오시어 스스로 하늘도를 이루시고 대우주 하늘을 통일하시어 태초 태천 태조의 천좌이신 '태초의 말씀의 주 알파와 오메가님전'에 오르심으로 후천을 이루셨으니 후천을 이룬 도가, 곧 대한의 도가 됨으로 대한의 도로 평정되었다고 함이다.

7. 천지인(天地人)의 바른 의미

천지인이라 함은 '천지신명 하나님전'에 믿음과 순종과 충성으로 하늘의 천군천자가 되어, 악신들과 싸워 나아가는 사람들을 말한다. 하늘께서는 이들에게 천지인의 증표로, 이마에 삼태극의 인(印)을 치심이니 육안으로는 보이지 않으나 정관

(正觀)으로 신계를 보는 사람들은 이를 분별할 수 있다. 삼태극의 청색은 하늘을, 적색은 태양을, 황색은 땅을 뜻함이며, 천지만물을 밝게 비추어 닿지 않는 곳이 없게 하여 하늘에서와 같이 땅에서도 이루어지리라 하심의 크신 뜻이 담겨 있다.

이때의 천지인들이 성경 요한계시록에서 표현하는 흰 무리인 것이다. 사람이 '악신 죽어라'를 하면 성신의 편에서 악신과 싸우는 것이 되므로 그 사람의 사람신에게 천기의 하얀빛이 입혀지니, 사람 100명이 '악신 죽어라'를 하면 100 무리, 1,000명이 하면 1,000 무리, 10,000명이 하면 10,000 무리가 되는 것이다.

이렇게 사람신에게 성신으로 거듭나는 표식인 찬연한 하얀빛을 입혀 주시니 그 빛을 입은 사람신이 있는 사람들의 무리가, 곧 흰 무리인 것이다. 또한 사람신이 이 흰빛을 입고 있으면 본신과 합수가 되지 않는다. 이와 같이 천기의 은사를 입은 사람들이 하늘의 사명자가 되어 바른 신앙과 도를 이룰 때 그 도로써 하늘의 천군이 되어 악신들과 싸우게 되니 이들이 바로 천지인이다.

천지인들은 이 땅을 바르게 세워 새 하늘 아래 새 땅, 곧 후천의 땅을 만들고 사람들을 바르게 이끌어 세상을 이롭게 하는 이들이니, 인류 구원의 씨앗이라 할 것이다. 이 천지인들을 통해 내리시는 단 한 번뿐인 기회를 소중히 받들어 세상의 눈과 귀와 입이 되지 말고 하늘의 눈과 귀와 입이 되어야 함을 명심하여야 한다. 그리하여 자신의 영성을 찾아 하늘의 말씀을 바르게 듣고 바르게 알아 바르게 전하도록 노력해야 한다.

한 예언서에는 환난의 시기에 '정도령'이 온다고 하였는데, '정도령'에서 정은 '바를 정(正), 도는 길 도(道), 령은 말씀 령(呤)'을 뜻하니 바른길의 말씀, 즉 하나님의 말씀이 오시어 바르게 인도해 주신다는 뜻이다. 지금 이 모든 것을 말씀으로 알려 주심이니 이를 전하여 알리고 있음이다.

일만 이천 도통군자니, 십사만 사천 무리니 하는 표현은 모두 하나로 모아지니, 천지인을 뜻한다. 이는 세상의 어느 종교나 도를 통하여 이루어지는 것이 아니라 자기 자신이 바른 신앙과 도를 구하게 되면 하나님전에서 선택하시어 이루어 주시는 것이다.

또 이때 이 시기에 땅의 후천이 시작된다 하시며, 올바름을 찾지 않고 옛깃에 지우쳐 사람들을 그릇된 길로 이끄는 자가 있다면, 그 이끄는 자부터 심판한다 하심이니, 지엄하신 하늘의 명과 법을 알림이다. 그러나 한 번의 기회는 주신다 하시며 이를 바로 알리라 하셨으니, 이때 이 시기에 눈이 있어도 올바름을 보지 못하고, 귀가 있어도 올바름을 듣지 못하며, 입이 있어도 올바름을 말하지 못한다면, 그 눈과 귀와 입을 영원히 닫으리라 하심이다.

이 땅에는 여러 경전과 예언서들이 있으나 난해한 문구로 되어 있기에 종교, 종파, 도계에 구애받지 않고 모든 이가 바르게 이해할 수 있도록 주로 성경의 말씀을 인용하였다. 지금은 요한계시록의 시기임을 알리고자 한다. 대우주 하늘은 이미 정리가 되어 후천을 이루셨으며, 지금은 땅의 일사만 남았을 뿐이다.

세상의 모든 거짓 선지자들과 음행과 음술을 행하는 자들 또한 지금부터라도 자신이 세상에서 이룬 것에 연연해하지 말고 진실로 참회하며 회개하는 이로 거듭나서 자신의 모든 영광을 하나님전에 올리는 참된 선각자가 되어 하늘에 충성하기를 바라는 바이다. 지금은 세상에 충성치 말고 하늘에 충성해야 할 때임을 깊이 깨우쳐야 한다.

마지막 때에 이르러 마지막 한 번의 기회를 주신다고 하셨음이다.

만약 이러한 말씀들을 행치 않는 자가 이러한 말씀들을 도용할 시에는 그에게 그 벌을 더할 것이라 하심이다.

2장 대도대한

1. 대도대한

'한'은 하나님전을 뜻한다. 대도대한은 크고 크신 하나님전으로 인도되어 가는 큰길을 뜻한다.
후천에 이르러 선천의 모든 법은 무가 되고 하늘의 하나님전으로 인도되어 가는 길은 오직 하나로 이어져 내려옴이니,
대한의 대도로써 땅에서도 이루라 하시며 내려 주신 이름이 대도대한이다.

1997년 12월 1일 부로,
하늘은 성령과 성신으로 통일된
후천이 되었음을 알리는 바이다.

통일된 하나의 하늘인 후천의 명과 법은
오직 하나의 맥으로 내리심이니,

대도대한은
'태초의 말씀의 주 알파와 오메가님전'을 '주님전'으로
감사·경배·찬양하며 섬기어 모시는 한 종단이며,
성령과 성신의 하나님전이신 '천지신명 하나님전'을
신앙하는 한 종교이며,
성령과 성신으로 거듭나는 한 종파임을 밝히는 바이다.

이는 종단과 종교와 종파가 나누어지지 않는
태초의, 하나의 신앙만이 있음을 뜻함이다.
후천에 이르러 전체 하늘은
오직 성령과 성신의 계열과 계보로써 하나로 통일되었다.

후천이 됨으로써 이 땅은 선천의 각 나라를 주관했던 신들이
모두 물러나게 되었음을 밝힌다. 이제 이 땅은 태천과 후천의
하나님이시며 영원하신 하나님이시며 성령과 성신의 하나님
이신 '천지신명 하나님'을 신앙하여야 한다.

천손민족인 우리 민족의 신앙의 뿌리는 전체 하늘이다.
'대한'이란 크신 하나님전을 뜻하니 대한의 백성인 우리 민족
이 천손민족이다. 다시 말해 우리 민족만이 전체 하늘을 신앙
해 온 민족인 것이다. 이제 우리 민족의 신앙의 뿌리를 다시
찾아야 한다. 외래 종교가 이 땅에 들어오기 전부터 우리 민족
이 신앙해 온 천지신명님과 칠성님을 찾아야 한다. 이분들께
서는 예로부터 하늘의 성신님이시며 천신님이셨다.

천손민족인 우리 민족은
이제 '천지신명 하나님전'을 신앙해야 한다.
천손민족만이 하늘의 전체 하나님전을 신앙할 수 있음이다.

'하나님'의 명호도 우리 민족만의 명호임을 알아야 한다.
'하나님, 하느님, 하늘님'은 하늘 신앙을 가진 우리 민족이 예
로부터 섬겨 왔던 분의 명호이시다. 이제 '하나님'의 명호를 우
리 민족의 명호로 되찾아야 한다.

2. 대도대한의 목적

대도대한은
악신으로부터 영원히 승리함을 목적으로 한다.
대도대한을 통해 하늘도가 전해지니,
하늘도는 "너희가 직접 악신과 싸워 승리하라" 하시며,
하늘에서 내려 주신 도인 것이다.
곧 대도대한의 적은 사람이 아니라,
사람을 악하게 만드는 악신들이다.
악신과 싸우지 않는 도는 하늘도가 아니다.

3. 신앙 대통합의 시대

하늘은 제국천(帝國天)이 되었음을 알린다.
또한 이 땅에도 제국천 천법이 발효되었다.
제국천이라 함은 천법과 천명이
오직 하나의 법맥으로 다스려지는 하늘을 뜻함이니,
이 땅에도 하나님전에서 내려 주시는
오직 하나의 법맥만이 이어짐이다.

하늘이 하나로 통일되었으니, 이제 이 땅의 신앙도 하나가 되어야 한다. 서로 반목하고 싸우는 시대는 이제 끝이 나야 한다. 그 모든 것이 수많은 악신들의 계열과 계보가 대립하여 세

력 확장을 꾀했던 선천시대의 유물들인 것이다. 하늘이 후천이 되었으니 이제 이 땅도 후천의 땅, 곧 '천지신명 하나님전'을 신앙하는 땅이 되어야 한다.

선천시대에는
유도를 주관했던 신은 네피림신(神)이셨고,
불도를 주관했던 신은 아미타불신(神)이셨으며,
선도를 주관했던 신은 여호와신(神)이셨다.
이 신들께서 한 하늘을
유·불·선 삼 파로 나누어 버렸던 것이다.

후천에 이르러
'태초의 말씀의 주 알파와 오메가님전'의
제국천 천법과 천명에 의하여
이 신들께서 다 물러나 쉬시게 되었음이다.

천명을 받들어 《천비록》을 발표함에 있어, 지금까지 선천시대 신의 명호를 거론하였으나, 선천시대에는 존귀하신 분들이셨기에 이 글로써 마무리함에 그 신들께 마지막 예를 갖추는 바이다.

하늘에서는 이미 유불선이 통합되었다.
따라서 이 땅의 유불선도 통합되어야 한다.
하늘에서와 같이 이 땅에서도 이루어야
하늘의 영광이 이 땅에도 함께하심이다.

통일된 하늘의 도, 곧 유불선 통합도가 대도대한을 통해 이어지니, 바르고 참된 신앙을 통해서만 하늘의 도가 연결된다.

후천의 천법과 천명을 받들어 하나 되어 악신들을 멸함이 심판이며, 자신의 것을 고집하고 주장하며 서로 싸움으로 같이 멸망의 길로 들어섬이 종말이다.

악신들은 자기의 때가 다 되었음을 알고 발동하고 있다. 이로 인해 앞으로 종교인이든 구도인이든 일반인이든 구분 없이 많은 사람들이 악신들로 인해 고통받게 될 것이다. 지금 이때와 이 시기는 성령과 성신께서 하시는 말씀을 들을 수 있는 영성이 필요하다.

또한 사람의 짧은 지식이나 언변으로 감히 하늘의 말씀을 함부로 논하지 않기를 바라는 바이다. 천죄를 짓지 말라 하심이니, 알면서도 따르지 않음은 천업(天業)이 되어 그 죄가 더욱 무거워진다 하심이다. 하늘의 명과 법은 지엄하시니 무섭고도 두려움을 알며, 이 한날 한시가 이 한때뿐임을 알라 하심이다.

4. 대한의 민족이여 깨어나라

이제 깨어나야 한다. 세계에서 가장 큰 나라의 이름을 가지고 있음에도 이를 깨닫지 못하고 있다. '한국'은, 곧 하나님전의 나라이다. 그러므로 '대한민국'은 '크신 하나님전 백성의 나라'

이니, 우리 민족은 만여 년 전 이미 광활한 나라인 대한제국을 건설한 하늘의 백성인 것이다. 우리 민족의 역사는 단군 이래 오천 년의 역사만이 아니라는 뜻이다.

이제 대한의 백성들은 깨달아야 한다. 그동안 눈을 가리고 귀를 막고 있었던 온갖 것들을 깨치고 일어서야 한다. 깨치고 일어서, 면면히 이어 내려온 우리의 신앙을 찾아 다시 태천과 후천의 하나님전을 맞이하여야 한다.

그 옛날 천제를 올리던 천손민족으로.

"대한의 민족이여, 깨어나라.
진정한 하늘의 백성으로 다시 돌아오라." 하심이라.

대도대한은 '태초의 말씀의 주 알파와 오메가님전'의 대우주 하늘 제국천 천법과 천명을 받들어 이 땅에 선지자로서의 사명을 행함이니, 그 명과 법으로써 고하는 바이다.

이전에도 없었고 이후에도 없을 오직 이때 이 시기, 내려 주시는 은사의 기회 속에 여러분에게 하늘의 축복이 함께하시기를 기원합니다.

5. 성신도(聖神圖)

다음 그림들은 자신의 사람신이 성령으로 잉태되어 성신으로 거듭난다는 의미에 대하여 여러분의 이해를 돕기 위한 것으로 '성신도'라고 한다.

성신도는 후천의 하늘 신앙과 도를 이루어가는 성도의 사람신이, 성령으로 잉태되어 성신으로 거듭난 천사신, 신장신, 선녀신, 신선신, 선관신의 모습을 그림으로 표현한 것이다.

하늘 신앙과 하늘도를 통해 자신의 사람신이 이렇게 성신의 모습으로 거듭나 하늘의 천군천자가 되어 악신들과 싸워 물리쳐 나아가며 사명을 행한 후, 훗날 이 땅에서 육을 떠날 때 자신이 이러한 성신이 되어 자기의 영광을 가지고 하늘로 오르게 된다.

여 천사신
남 천사신
여 신장신
남 신장신
선녀신
신선·선관신

여 천사신

남 천사신

여 신장신

여 신장신

남 신장신

남 신장신

선녀신

선녀신

신선·선관신

신선·선관신

제7부
전 인류에게 고함

제국천 천법(帝國天 天法)

제국천 천법

전지전능하시며 거룩하시고 위대하시며
영생영광 영원창대 무량무겁수이시며
천체 일월성 신영 천지자연 우주만물의 대주재자이시며
무주공천의 대주재자이시며
하나님의 주이시며 신령님의 주이시며
태초의 말씀의 주이신 '주 알파와 오메가님'
감사드리옵나이다. 감사드리옵나이다. 감사드리옵나이다.
경배드리옵나이다. 경배드리옵나이다. 경배드리옵나이다.
찬양하옵나이다. 찬양하옵나이다. 찬양하옵나이다.

천지만물을 창조하신 하나님이신 '태초의 말씀의 하나님'
감사드리옵나이다. 감사드리옵나이다. 감사드리옵나이다.
경배드리옵나이다. 경배드리옵나이다. 경배드리옵나이다.
찬양하옵나이다. 찬양하옵나이다. 찬양하옵나이다.

주 알파와 오메가님께서 오셨음이라.
대우주 하늘 제국천 천황님이신
주 알파와 오메가님의 명과 법에 의하여
후천의 창세기 제국천국이 세워졌음을
동서남북 24방 5방 6방 12진방 천체 일월성 신영

천지자연 우주만물과 무주공천에
말씀의 천법과 천명으로 공표하노라.

제국천 창세기의 시작이니
제국천의 천법으로, 천명으로
천세와 천능과 천맥의 질서가 바로 세워짐이니
만조억경 무량만만겁수 영원수로
영생영광 영원창대 하리로다.

이때 이 시기에 있는 자가 축복이요,
이때 이 시기에 없는 자가 종말이니
무섭고도 두려움을 알라.
성령만이 남을 것이요, 성신만이 남을 것이며,
성령과 성신으로 잉태된 자만이 남으리라.

천법 제1호

선천의 십사만 사천 악신 최고신의 계열이 다 물러나고
성령과 성신의 하나님이신 후천의 하나님께서
십사만 사천 하나님전에 전체 다 입전 입각하심으로
악령 악신과의 전쟁에서
성령과 성신이 승리하셨음을 선포하노라.
이로써 선천의 후진신은 영원히 무로 하며
후천의 성령과 성신이 함께하시리라.

천법 제2호

동서남북 24방 5방 6방 12진방 천체 일월성 신영
천지자연 우주만물과 무주공천에 있는
전체 악귀, 악신, 중립신, 외계신 등 선천의 후진신의
권세와 권능과 능력과 힘을 다 제하여
영원히 무로 함을 선포하노라.
이후로 성령과 성신의 권세와 권능과 능력과 힘이 함께하리라.

천법 제3호

동서남북 24방 5방 6방 12진방 천체 일월성 신영
천지자연 우주만물과 무주공천에 있는
전체 악귀, 악신, 중립신, 외계신 등
선천의 후진신의 계열과 계보는
지위 고하, 상하 구별 없이 전체 다
영원히 무로 함을 선포하노라.
오로지 성령과 성신의 계열과 계보만이 인정되며
모든 법과 질서, 체계, 지휘, 명령 계통, 지위는
천통으로 이루어지리라.

천법 제4호

동서남북 24방 5방 6방 12진방 천체 일월성 신영
천지자연 우주만물과 무주공천에 있는
전체 악귀, 악신, 중립신, 외계신 등 선천의 후진신의
넋혼신영은 지위 고하, 상하 구별 없이
무량만만겁수로 전체 다 제령으로 멸하여

영원히 무로 함을 선포하노라.
오직 성령과 성신만이 거듭나리라.

천법 제5호

동서남북 24방 5방 6방 12진방 천체 일월성 신영
천지자연 우주만물과 무주공천에 있는
전체 기계신, 로보트신 등 과학신은
무량만만겁수로 전체 다 분해 해체하여
영원히 무로 함을 선포하노라.
악신의 생산은 영원히 무가 되리라.

천법 제6호

전체 우주와 이 땅에 있는
선천의 십사만 사천 계열의 악신으로부터 유래된
전체 종단과 종교와 종파를
영원히 무로 함을 선포하노라.
선천의 십사만 사천 계열의 악신들은
그 신들 계열의 확장과 팽창을 위해
하늘을 가려 바른 신앙을 감춰 왔음이니
이 땅에 유래된 선천의 유불선 등
모든 종단과 종교와 종파가 그러함이라.
선도는 천마 계열로, 불도는 불마 계열로,
유도는 우마 계열로 이어져 왔음이니
마귀마왕신 등 각종 악신들이 사람을 조종하여

사람으로 하여금 종교를 만들게 하여
그 신들의 계열을 벗어나지 못하게 하였음이라.
그리하여 각종 종교가 이 땅에 난무하게 되었음이라.

이 땅에 있는 모든 사람들은 들을지라.
모든 종교가 선천의 악신으로부터 유래되었음을 알지라.
악신들의 말을 그대로 믿는 어리석은 자가 되지 말지라.
악신들의 말을 입에 담아 거짓을 말하지 말지라.
악신들의 말을 다른 사람에게 전하는
거짓 선지자가 되지 말지라.
이로써 진정한 후천의 하늘을 배역하는 천죄를 짓지 말지라.
너희들의 거짓된 말이 구업이 되어 천죄를 짓게 됨이라.
이때 이 시기에도 모른다고 한다면
하늘에서도 외면하리라 하시니라.
오직 후천의 성령과 성신의 계열만이 영원히 남을 것이며
성령과 성신의 이름으로 기원하는 자만이 남으리라.
이로써 악신으로부터 파생된
모든 종단과 종교와 종파는 영원히 무가 되고,
오직 천체 일월성 신영 천지자연 우주만물과 무주공천을
주재하시는 분을 믿고 따르는 신앙만이 영원하리라.

이후로 성령과 성신의 하늘인 제국천의 천법과 천명을
지키지 아니하거나 비방·왜곡하거나
제국천 천법과 천명을 믿고 따르는 사람들에게
위해를 가하거나 위해 하려 하는 자들은
하늘을 배역하여 거스르는 것이 될 것이며,

하늘에서 그 죄를 그자들에게 더하여
천벌로써 다스릴 것이라 하심이라.
이 말씀은 성령과 성신의 하나님전에서
전 인류에게 내리심이니
그 법과 명의 지엄하심을 알지라.

이 땅에 있는 모든 이들에게,
이때 이 시기에 마지막 기회를 주신다 하심이라.

천법 제7호

동서남북 24방 5방 6방 12진방 천체 일월성 신영
천지자연 우주만물과 무주공천에 선포하노라.

태초의 말씀의 주 알파와 오메가님전을
주님전으로 섬기며 모시는 한 종단만이 있으며,
십사만 사천 전체 통일성령 하나님이신
천지신명 하나님전을 신앙하는 한 종교만이 있으며,
성령과 성신의 계열과 계보로만 이루어진
한 종파만이 있음이라.

이로써 선천의 문란했던 모든 종단과 종교와 종파가
다 무가 되었느니라.

후천의 하늘의 영광이
이 땅에도 함께 임하였음이니,

성령과 성신의 은사를 내려
오로지 성령과 성신으로만이 거듭나게 하려 함이니라.
귀 있는 자는 성령과 성신께서 하시는 말씀을 들을지라.

하나님전 말씀이라.
너희가 이 땅에서 살아가면서 말하고 행하고 분별함에 있어,
깨우쳐 알지 못했음에도 마치 영원한 것을 알고 있는 양
거짓으로 일관하였느니라.

창조의 근원도 모르면서 창조를 함부로 논하였으며,
태초의 근원도 모르면서 태초를 함부로 논하였으며,
말씀의 근원도 모르면서 말씀을 함부로 논하였으며,
하늘의 근원도 모르면서 하늘을 함부로 논하였으며,
생명의 근원도 모르면서 영생을 함부로 논하였으며,
자신의 근원도 모르면서 시초를 함부로 논하였으며,
진토의 근원도 모르면서 나를 함부로 논하였음이라.

감히 너희의 이득을 위해
하늘을 팔고 나를 팔아 천죄를 지었음이니
천벌로써 다스리려 함이라.

세상에서도 남의 명의를 팔아
자신의 이득을 취했다면 사기죄가 되거늘,
하물며 너희는 나를 팔고 하늘을 팔아
스스로의 이득을 취했음인데도
'제가 무엇을 잘못했나이까' 하는도다.

나는 지금까지 너희에게
그 어떠한 명과 법도 내린 적이 없느니라.
모든 것을 너희 마음대로 정했음에도
너희는 어찌하여 내가 시킨 것인 양
세상 사람들의 눈을 속이고 귀를 어지럽혔느냐.

그리하고도 잘못이 없다 하니
그 입으로 지은 죄 또한 어찌하려느냐.

말씀이라.
그 죄지은 자, 그 죄지은 만큼,
그 벌들을 그자들에게 다 더하노라.

명하노라.
너희가 취한 것들 중
하늘을 팔아 취했으면 하늘로 돌릴 것이며,
세상의 눈을 속여 취했으면
세상으로 다 되돌려 주도록 하라.

그리하지 아니하면
너희에게 그 죄를 물어 그 벌을 더할 것이니,
이로써 영원한 죄 속에 가두어져
하나님전 천명과 천법의 두려움을 알게 되리라.
그때 너희는 죽고자 해도 죽지 못할 것이며
살고자 해도 살지 못하리라.
그 연월일시가, 곧 이르름이라.

너희에게 남은 기회는 오직 단 한 번뿐이니라.
그 속에서만이 너희의 죄를 씻을 수 있음이라.
전에도 없었고 후에도 없을 단 한 번뿐인 기회임을 알지라.
이 기회 속에서 성령과 성신으로 거듭나는 자만이 영원하리라.

태초의 어버이께서
너희의 마음을 어버이께로 돌이키시려
이 한날 이 한시에 말씀으로 오셨으니
너희가 눈을 뜨고 귀를 열어 깨어 있으라 하심이라.

귀 있는 자는 성령과 성신께서 하시는 말씀을 들을지라.

천법 제8호

태초 태천 태조의 어버이님이시며
전체 통일성령 하나님의 어버이님이신
태초의 말씀의 주 알파와 오메가님께서 오셨음이라.

이제 심판하신다 하심이라.
선천의 문란했던 모든 것들을 심판하시어
바로잡는다 하심이라.
악한 넋혼신영백과 악한 사람들까지도
예외 없이 심판하신다 하심이라.

두려워하라.
그 연월일시가 이르렀음이라.

말씀이라.
동서남북 24방 5방 6방 12진방 천체 일월성 신영
천지자연 우주만물과 무주공천에 말씀으로 선포하노라.
선천으로부터 시작된 배역과 반역과 배신의 역사를
심판으로 영원히 무로 하노라.

하늘이 통일되어 제국천이 되었음에도
너희를 심판하지 않았느니라.
전 우주에서 오직 지구별만이 심판을 면하였음이라.
너희의 마음을 나에게로 돌이키려 기회를 주었음이라.

허나 너희는 여전히 나를 외면하였음이라.
불의한 자는 여전히 불의하고,
타락한 자는 여전히 타락하고,
거짓된 자는 여전히 거짓되고,
입으로 또는 행으로 온갖 음행과 음술로
감히 하늘을 팔고 나를 팔아 너희의 이득을 취했음이니,
이제 그 죄를 물어 천벌로써 다스리려 함이니라.

너희의 귀에는 하늘의 말씀이 들리지 않더냐.
너희의 잠자는 영을 일깨우려
너희에게 내려 주신 말씀이니라.
너희의 눈에는 통일되어 영광된 하늘이 보이지 않더냐.
또 심판됨으로 두려워하며 고통스러워하는
악신들이 보이지 않더냐.
그동안 천법과 천명에 따라

악신들이 심판되어 멸하여졌느니라.
너희의 눈과 귀가 보배롭다면,
너희의 마음이 하늘로 향해 있다면,
보게 되고 듣게 되고 깨우치게 될 것이라 하였는데
너희는 여전히 모른다 하고 있느니라.

말씀이라.
죄지은 모든 것들을 심판으로 멸하노라.
제국천 천법과 천명에 따라
영원히 멸하여 무로 하노라.
사람도 예외가 아니니 그 지은 죄 크고 많음이라.

두려워하라.
거짓 성직자들을 먼저 심판하리라.
그자들이 온갖 음행과 음술로 하늘을 가렸음이라.
음행과 음술은, 곧 거짓된 말과 행동이라.
거짓된 종교들과 거짓된 사도들을 모두 심판하리라.
감히 자신들의 이득을 위해 하늘을 팔고 나를 팔았으며
허황된 교리나 도리로 미혹하여
사람을 통해 악신을 생산케 했음이라.

악신의 추종자들을 심판하리라.
겉모습은 사람이나 이미 악신의 노예가 되어
그 신들의 조종대로 따르고 있음이라.
결코 하늘의 말씀에 귀 기울이지 않으며
결코 자신이 지은 천죄를 모르는 자들이라.

무관심과 무지함 속에 머무는 자들은 들을지라.
너희들도 다를 바 없느니라.
너희가 어디로부터 왔음을 알지 못하면서
너희는 너희의 것만 지키려 하였느니라.
말씀으로 너희를 깨우치려 하였음에도
너희는 스스로 외면하였느니라.
악신의 세상을 택하였음이라.

회개하라.
참회하라.
그리고 두려워하라.

천 일간의 대재앙으로 아픔으로 고통으로
이 땅에 비명 소리가 끊이지 않을 것이라.
지구별 여기저기가 무수히 많이 터지고 갈라지고
폭발하고 내려앉고 녹아내릴 것이라.

이제 너희들의 죄를 물을 심판이 시작되었음이라.
죄지은 자 그 죄지은 만큼
천벌로써 엄히 다스리려 함이니라.

제국천 천법과 천명으로
거짓된 모든 것들을 심판으로 멸하여
새로운 창조로써 지구땅을 성령과 성신의 땅으로
성령과 성신으로 거듭난 선지자들의 땅으로 세우리로다.
이때 하늘의 영광이 이 땅에도 함께하리라.

"나는 알파와 오메가요 처음과 나중이요 시작과 끝이라."

귀 있는 자는 성령과 성신께서 하시는 말씀을 들을지라.

천법 제9호

이 땅의 전 인류에게 선포함이니,
이 땅에 후천의 저승사자 제도를 시행하노라.

선천을 지배하고 주관했던
악신의 법은 전체 다 무너졌으며
악신의 계열과 계보 또한 영원히 무가 되었느니라.

또한 사람의 생사를 관장했던
선천의 저승사자 제도를 무로 하여
사람이 자신의 주어진 수명대로 살 수 있게 하였느니라.

그러나 이제는 이 땅에
후천의 저승사자 제도를 새롭게 시행함이니라.
이는 악한 사람신들을 심판함을 뜻함이라.

지금까지는 악신들을 심판하였으며,
사람신들과 사람들에게는 많은 기회를 주어왔음이나,
아직도 깨닫지 못하고 악신들과 결탁하여 행하는
그 죄들이 너무 크므로,
이제는 때가 이르매

악한 사람신들도 심판하려 함이니라.
어리석은 사람신들을 심판할 것이며,
악신들의 하수인이 되어 조종받는
사람신들을 심판할 것이며,
사람들에게 악한 영향을 주며 괴롭히는
사람신들을 심판할 것이며,
사람들에게 거짓을 말하여 그릇된 길로 가게 하는
사람신들을 심판할 것이니라.

신들의 세계에서 사람신들에게는
기회를 주고자 하였으며, 기회를 주어왔음이나,
선천의 뿌리 깊은 악의 연결고리에서
벗어나지 못하고 있음이니
이제는 그 행한 바대로 그 죄를 물으려 함이니라.

악한 사람신들의 죄를 다 묻고 나면
악한 사람 또한 그 죄를 물을 것이라.
죄 속에 있는 자들과
사람들을 죄 속으로 이끄는 자들부터 심판하리니,
그때와 시가 멀지 않았음이라.

하나님께서는
사람들을 하나님의 형상대로 지으시어 축복을 내리셨으나,
사람이 자신을 지으신
어버이님을 찾지 아니하며 모른다 하니,
다시는 어버이의 마음으로 돌이키지 아니하신다 하심이라.

이후로 새로운 창조 속에서
성령과 성신으로 거듭나는 이들은
하나님전의 축복 속에
은혜와 은총과 은사가 함께할 것이나,
그 죄 속에 머무는 자들은 심판이요,
그 자신들의 종말을 맞이하게 되리라.

성령과 성신께서
사람들에게 알리시는 마지막 경고라.

전 인류에게 선포하며, 공표하노니,
너희의 때를 너희가, 곧 알게 되리라.
다 너희가 행한 대로 받으리라 하심이라.

그때의 일을
너희의 눈으로 보게 될 것이며,
너희의 귀로 듣게 될 것이며,
너희의 입으로 말하게 되리니,
너희의 육과 신이 온전치 못함을
비로소 알게 될 것이며 겪게 될 것이라.

제국천 천법은 10호로써
모든 일사가 마무리되리니,
10은, 곧 완성의 숫자라.

그때와 시가 다 되었음이라.

천지만물을 창조하신 하나님 감사드리옵나이다.
창조 또한 하나님전의 뜻하심에 있음이오며
심판 또한 하나님전의 뜻하심에 있음이옵나이다.

이 땅의 사람들에게 성령과 성신으로 거듭날 수 있는
마지막 기회를 주심에 감사드리옵나이다.

부디 이 땅의 사람들의 영성이 깨어나
구함을 얻고 구원을 받아
하나님전에 감사와 경배로써
영원히 찬양하게 하여 주시옵소서.

성령과 성신의 이름으로 기원하옵나이다.

셀라 셀라 셀라 셀라 셀라 셀라 셀라

천법 제10호

말씀이라.

이 땅의 전 인류에게 선포하노니,
이후로 사람 영들을 다 거두어
전체 다 무로 하노라.

태초의 말씀의 하나님께서 창조하실 때,
성령으로 성신을 창조하신 후,

'빛의 영'으로
빛과 어둠을 나누시고,

'일월성영'으로
우주와 하늘을 지으시어,
해와 달과 별을 비춰게 하시며,

'자연 영'으로
땅과 바다와 자연을 조화롭게 하시며,

'동물 영'으로
동물들을 그 종류대로 만드시며,

'어족 영'으로
바다 생물들을 그 종류대로 만드시며,

'식물 영'으로
나무와 식물들을 그 종류대로 만드시며,

'사람 영'으로
하나님의 형상대로 사람을 창조하시되,
남자와 여자를 창조하시니라.

이것이 칠영의 비밀이라.

그리하여 사람들에게 복을 주시며 그들에게 이르시되,

생육하고 번성하여 땅에 충만하라, 땅을 정복하라,
이 모든 것을 내가 너희에게 주노라 하였거늘,
지금 너희는 사람도 아니며, 동물도 아니며, 어족도 아니니,
너희가 정복됨이라.

모든 창조물은 그 본래의 신이 같거늘,
너희 사람만이 본래가 아닌 다른 신들을 함께하고 있으니,
그것이 악임을 정녕 모른다 함이더냐.
동물은 동물의 신을, 어족은 어족의 신을,
식물은 식물의 신을 갖고 있거늘,
어찌하여 너희는 너희 안에 너희의 것을 내팽개치고,
동물과 함께하며, 어족과 함께하며, 식물과 함께하느냐.

이제 이 후천의 땅에서는,
그러한 변종으로 잘못된 것들을
다 거두어 새롭게 창조하리라.

앞으로는 너희의 사람 영들을 거두고,
너희의 영을 성령으로 잉태시켜,
너희의 신을 성신으로 거듭나게 하여,
너희의 육을 하늘 백성으로 삼으려 함이니라.

그 지키는 자 복되리니,
너희는 너희 안에 있는 너희의 것을 지키라.
지키는 자는 축복이요,
지키지 못하는 자는 심판 속에 갇히리라.

너희의 행함의 시작의 때가 가까이 왔음을 알라.
너희의 행함의 마지막의 때가 가까이 왔음을 알라.

또한, 너희는 그동안 자연에서 주는 모든 것을 가지고
먹고 마시며 생활하였거늘,
그 감사함을 모르고,
오히려 자기 것인 양 당연한 듯이 행하고
함부로 사용했음이니,
이제는 자연이 너희를 내치리라.

앞으로 하늘의 인준 없이는,
너희 맘대로 먹는 식량은 너희에게 살이 되지 않을 것이며,
너희 맘대로 마시는 물은 너희에게 피가 되지 않을 것이며,
너희 맘대로 가져다 쓰는 것은
너희에게 이로움을 주지 않게 되리니,
그동안 너희가 감사하지 못한 죄이니라.

그 자연이 바르게 세움을 입고 나면,
너희가 다스려지리니,
그때가 바로 천일이라.
그 징조를 너희가, 곧 보겠고, 곧 알게 되리라.
이 일 후에는 반드시 너희가 너희의 그 행함대로 받으리라.

예비로서 하늘의 영광이
선지 엘리사를 통하여 이 땅에 비춰 지리니,
그를 통하여 너희에게도 그 영광의 빛이 임해지리라.

그러나 눈 닫고 귀 닫은 자는 그 빛을 보지 못할 것이며,
말씀 또한 영원히 듣지 못하게 되리라.

이 말씀으로,
너희에게 내려 주시는 마지막 기회의 말씀임을 명심하라.

감사하라. 경배하라. 찬양하라.

전지전능하시며 거룩하시고 위대하시며
영생영광 영원창대 무량무겁수이시며
천체 일월성 신영 천지자연 우주만물의 대주재자이시며
무주공천의 대주재자이시며
하나님의 주이시며 신령님의 주이시며

태초의 말씀의 주이신, '주 알파와 오메가님'
감사드리옵나이다. 감사드리옵나이다. 감사드리옵나이다.
경배드리옵나이다. 경배드리옵나이다. 경배드리옵나이다.
찬양하옵나이다. 찬양하옵나이다. 찬양하옵나이다.

천지만물을 창조하신 하나님이신, '태초의 말씀의 하나님'
감사드리옵나이다. 감사드리옵나이다. 감사드리옵나이다.
경배드리옵나이다. 경배드리옵나이다. 경배드리옵나이다.
찬양하옵나이다. 찬양하옵나이다. 찬양하옵나이다.

전체 통일성령 하나님이신, '천지신명 하나님'
감사드리옵나이다. 감사드리옵나이다. 감사드리옵나이다.
경배드리옵나이다. 경배드리옵나이다. 경배드리옵나이다.
찬양하옵나이다. 찬양하옵나이다. 찬양하옵나이다.

감찰 하나님이시며, 대한의 하나님이신, '칠성 하나님'
감사드리옵나이다. 감사드리옵나이다. 감사드리옵나이다.
경배드리옵나이다. 경배드리옵나이다. 경배드리옵나이다.
찬양하옵나이다. 찬양하옵나이다. 찬양하옵나이다.

성령과 성신께 감사합니다.

항상 저희에게 베풀어 주시는
은혜와 은총과 은사에 감사드리옵나이다.

저희가 하나님전에
충성되고 바른 자녀가 되게 하여 주시옵소서.
저희에게 지혜와 총명과 용기를 내려 주시옵소서.
저희가 악신으로부터 영원히 승리하게 하여 주시옵소서.
저희가 성령과 성신으로 거듭나게 하여 주시옵소서.

성령과 성신의 이름으로 기원하옵나이다.

셀라 셀라 셀라 셀라 셀라 셀라 셀라
셀라 셀라 셀라 셀라 셀라 셀라 셀라
셀라 셀라 셀라 셀라 셀라 셀라 셀라

말씀이라

땅에 알리노라.

태초의 말씀의 주 알파와 오메가님께서 오셨음이라.
감사하라. 경배하라. 찬양하라.

주 알파와 오메가님
감사드리옵나이다. 경배드리옵나이다. 찬양하옵나이다.

태초의 말씀의 하나님
감사드리옵나이다. 경배드리옵나이다. 찬양하옵나이다.

십사만 사천 전체 통일성령 하나님께서
천지신명 하나님이시니 천지신명 하나님을 신앙하라.
하늘법과 하늘도가 대도대한으로부터 시작됨이니라.
천지대도의 교리가 펼쳐지리라.
천지신명 하나님 감사드리옵나이다.

또한 관세음 하나님께서는
전체를 감찰하시는 감찰 하나님이시며,
대한의 하나님이신 칠성 하나님이시니,
칠성 하나님께 기원하라.
칠성 하나님 감사드리옵나이다.

하나님의 명호는
천지신명 하나님과 칠성 하나님이심을 명심하라.
구업으로 인한 천업을 짓지 말라.

저희가 성령과 성신으로 거듭나게 하여 주시옵소서.
성령과 성신의 이름으로 기원하옵나이다.

셀라 셀라 셀라 셀라 셀라 셀라 셀라

창세창법　창조대법　만상만하　대우주천
만조억경　무량만만　겁수로서　제령사법
무천대천　주님전의　천능으로　천세로다
창조이전　알파와요　후천세계　오메가라
만국국사　대국사전　관 세 음　하나님전
전진상천　무위불패　승승장구　대망상천
통천통일　상천상일　일천자로　만수무강
화화화로　불로불로　불야불야　제령하고
무로돌려　영원토록　악상악하　심판이라
육기육천　대천세계　일만이천　만만수로
주님전의　천좌로서　대하천이　이뤄지니
천세만세　천만세로　대하천법　대하제국
대우주의　대자연의　대천지의　일월성신
영천대천　대법도로　신천대천　대법도로
영신합천　천합천수　천기록에　천명이라
극락천에　천국천에　대법천에　기명기재
천자도를　이루어야　영생천자　인증되어
영원하신　주님전에　정도천자　되리리니
크고크신　하나인님　참된제자　일심자로
거듭나고　거듭나서　천지신명　하나님전
충심자로　자녀로서　태어나라　하심이라
천지신명　하나님전　은 혜 에　감사하며
은 총 에　감사하며　은 사 에　감사하라

　　셀라 셀라 셀라 셀라 셀라 셀라 셀라

천지신명 하나님 감사드리옵나이다.

말씀이라.

144,000 무리에게 알리노라.
마지막 때에 이르러 정리의 시기임을 너희가 알라.
너희가 12천왕, 12지왕, 인왕신의 계열에서 왔고
그곳에서 너희가 선천의 12지파로 왔으나,
너희에게 기회 주고 능력 주어
너희가 성신의 편에 서서 악신과 싸우고
너희의 계열을 찾아 물리치어서
하나님전의 영광으로
하나님께서 주시는 권세와 권능으로 왕이 되어
너희의 권세를 가지고 하늘로 올라오라 하심이라.
또, 너희가 그 권세로 땅 위의 여러 족속들에게
하나님전 선지자로 제사장으로 역할을 다하라 하심이라.

너희의 나라가 어디이더냐.
하나님의 나라이니라.
너희의 집이 어디이더냐.
모래 위에 지은 것에 불과하느니라.
하나님의 집을 지으라.
그리하면 너희도 거하리라.
너희의 가족이 누구이더냐.
너희가 하나님의 자녀가 되고
그 자녀들이 가족이니라.

너희의 육이 무엇이더냐.
땅에 넣어 보아라. 흙이니라.
너희의 신이 무엇이더냐.
모든 사물이 해가 떠서 비춰지면 그림자가 생기듯이,
그것에 불과하느니라.

너희의 영은 하나님께서 태초에 창조하신 것이거늘,
하나님의 것을 너희 마음대로 함부로 하지 않았느냐.
지금 하나님께서는 너희에게서
하나님의 지으신 것을 키우시고자 하시나
너희가 방해하는도다.
너희가, 곧 사탄이요 마귀이니라.
무섭고도 두려움을 알라.

너희가 살아 계신 하나님과
함께 먹고 마시며 생활함을 아느냐.
눈이 있어도 보지 못하고,
귀가 있어도 듣지 못하면서,
입을 가지고 지은 많은 죄들을 모르느냐.
'하나님 용서하여 주시옵소서.'라고 하면,
그 자리에서 너희의 죄가 다 사함을 받는 줄 아는도다.

때가 가까이 왔느니라.
너희라고 예외는 없음을 알라.
알면서 행하지 않은 죄는
더욱더 그 죄가 크도다.

너희가 하나님전에
진실하고 충실한 바른 자녀가 되고자 한다면,
너희의 모든 영광을 하나님전에 바치도록 하라.
10년을 기도하면 무엇하고
20년을 기도하면 무엇하느냐.
100년을 했더라도 너희가 명철을 얻지 못한다면
눈과 귀가 보배롭지 못하다면
눈멀고 귀먹은 우둔한 자에 불과하느니라.
너희의 죄를 너희가 깨달아라.
너희의 것은 아무것도 없음이라.

악과 선의 구분을 아느냐.
너희가 악이며 하나님께서 선이시니라.
너희가 너희 것을 버리지 아니하면서
'주시옵소서.'라고만 하면
시궁창에 새 물을 부을 수 있겠느냐.
너희라면 그리하겠느냐.

세상법과 하늘법은 하나도 같은 것이 없음을 알라.
하나님의 법이 무엇인지를 깨닫지 아니하면
너희는 영원히 암흑에서 헤어나지 못하게 되리라.
"깨어라. 그리하여 광명으로 나오라.
그리하면 내가 너희를 맞으리라." 하시니라.
너희가 이 한날을 모르는도다.

셀라 셀라 셀라 셀라 셀라 셀라 셀라

천지신명 하나님 감사드리옵나이다.

말씀이라.

대도대한 일만 이천 무리에게 알리노라.

대명천지 대운으로 천기만기 내려받고
선각자로 사명자로 선지자로 세우나니,
주 알파와 오메가님께서 세우신 법도라.

천지신명 하나님전 은혜와 은총과 은사에 감사하라.
땅의 모든 신앙과 법이 온전치 못하니
나아가 행하며 알리라 하심이라.
대우주 천지의 천법도가 펼쳐지리니,
하늘에서와 같이 땅에서도 이루어지리라.

세상 과학은 하나님과 멀리하게 한 죄가 큼이요,
세상 종교는 하나님을 거역하고 도전한 죄가 큼이요,
세상 도는 하나님을 찾을 수 있는 길을 막은 죄가 큼이니,
이 죄 속에 있는 자는 모두 참회하고 회개하라.
내가 너희를 태초의 하늘과 땅에서 살게 하려 함이니라.

너희에게 방주를 지으라 명하노라.
너희는 너희가 지은 방주를 타고
새 하늘 새 땅에 다다르라 하심이라.
너희가 그 노력조차 없이는 수몰되고 말리라.

천지만법이 행하여질 것이며
너희 가운데 노아가 있으리니,
너희를 살리려 함이니라.

하나님께서는 가까이 계시나
너희가 영접지 못하고 있음을 알라.
너희가 너무 미련함이니라.
이때 이 한날을 어찌해야 하는지를 모르는도다.
너희는 살아있으나 죽은 자이며,
죽은 자를 살게 하시려 함을 정녕 모르는 무지한 자들이라.

너희가 세상의 사람들을 살피려거든,
너희를 바로 보면 틀림이 없으리니,
너희 속에서 헤어난 자와 머무는 자로 구별되리라.
그 또한 너희가 선택하게 되리라.

너희가 가는 길은 너희가 정하는 것이나
집을 제대로 찾아와 문을 두드리는 자에게는,
그 문을 열어 주리라 하심이라.
너희가 제대로 갔다면,
지금 문을 두드려 보아라.
열리지 않는다면 참회와 회개 속에
다시 시작해야 할 것이니,
그 또한 용기로다.

'참되고 어질며 충성되고 바른 자녀가 되게 하여 주시옵소서.'

라고 기도 한번 하여 보았느냐.
너희가 할 수 있는 것조차 하지 않으면서
'당연히 되겠지.'라고 생각한다면,
돼지가 우리 안에서 보내는 하루와 다를 것이 무엇이겠느냐.

너희가 큰일을 행하리라 하였는데,
너희가 반드시 승리를 얻으리라 하였는데,
너희가 스스로를 자만 속에 가두어 놓고,
남만 쳐다보며 비웃고 있으니
네 속은 언제나 들여다보려느냐.
때와 시가 지나면 하고 싶어도 못 하느니라.

하나님께서는 선택은 하시었어도
이루지 못하는 자들을 위하여 기다리시지 아니하시며
한 사람만 이루어도 그것으로 되었다 하시느니라.

같이 시작하였으니 같이 이루라 하심은
하나님의 은혜와 은총과 은사이심을 명심하여,
이때와 이 시기에 있는 자가 다 같이 시작한 자들이니
알고자 노력하고 찾으라.

너희에게 이렇듯 말씀으로 알려 주심을 감사하라.
이제는 깨달아야 하느니라.
하나님께서는 너희에게 계속 은혜를 베푸시며
마지막 하나까지도 구하려 하시거늘,
이제는 눈과 귀를 닫은 자는 그대로 되라 하심이라.

다시 한번 너희가 이 한날을 알라.
저수지가 아무리 넓어도 물 빠지고 메마르면,
남은 고기는 살지 못하느니라.
너희를 큰 강으로 옮겨 주려 하심이니라.

"세상에 충성치 말고 하늘에 충성하라.
그리하면 너희에게 천지인의 증표인 삼태극을
이마에 내려 주리니 너희가 받으리라." 하심이라.

이전에도 없었고 이후에도 없음이라.
다 너희에게 있음이니
믿음과 신앙과 기도로써 이루어지리라.

셀라 셀라 셀라 셀라 셀라 셀라 셀라

천지신명 하나님 감사드리옵나이다.

말씀이라.

하늘에서와 같이 땅에서도 이루어지리라.
땅에 이르노라.
하늘이 후천의 창세기가 이루어져 새 하늘이 되었듯이,
땅 또한 후천의 창세기로 이루어져 새 땅이 될 것이니
땅에 새 씨앗을 심으려 하느니라.

이때 이 시기에 있는 자가 복되리라.
하나님께서 말씀으로 오시어
바르게 인도하려 하심이니,
너희의 신성과 영성을 깨어 있게 하라.
영신합도 천지의 바른 교리가 펼쳐지리니
인신 정치의 시대라.
대도대한 대천법으로 천지합도되어
기적과 이적을 너희가 보겠고 너희가 알게 되리라.
천지신명 하나님전 명과 법으로
하늘에서와 같이 땅에서도 영광이 있으리라.

하늘 천자 하늘 천군 하늘 사람 내리노라.
너희 중에 있으리니 너희가 볼 것이니라.
선지자로 사명자로 선각자로 명하노니
구원과 심판의 두 증인 외에는
하나님의 말씀을 전하는 자가 없음을 알라.

만일에 이들을 해하고자 하는 자들은
그 벌들을 그자들에게 더할 것이요,
이들을 이롭게 하고자 하는 자들은
내가 그들을 어버이의 마음으로 하늘 자녀가 되게 하리라.

너희 중 세상에 충성하는 자는
하늘과 땅에서 모두 다 잃을 것이요,
너희 중 하늘에 충성하는 자는
하늘과 땅에서 모두 다 얻으리라.

천지대운 대법도가 대도대한에서 시작이라.
일기일자를 풀어 십이십자가 되며,
십이십자를 풀어 백이백자가 되며,
백이백자를 풀어 천이천자가 되며,
천이천자를 풀어 만이만자가 되느니
일만 이천 만만수로 이루어지리라.

천지신명 하나님을 신앙하라.
너희의 것은 다 하나님께서 이루어 주셨음이라.
하나님의 것이 아닌 것이 하나도 없느니라.

모든 기도와 기원은 대한의 말로 하라.
대도대한에서 시작됨이니 말씀법이 그러하느니라.
다른 여러 족속의 말로는 하나도 이룰 수 없음이라.

천지신명 하나님을 찾아 바르게 기도하라.

세상에서의 교육이 아닌
하늘에서의 교육을 직접 내릴 것이니라.
지금까지 너희 중에 내게 온 자는 하나도 없음을 알라.

하늘법을 알아 하늘도를 이루도록 하라.
악신과 싸워 이겨야 하느니라.
하늘에서 쫓겨 간 악신들이 너희에게 갔음이라.
그러하기에 이전에도 없었고
이후에도 없을 하늘도를 내리시어,
너희에게 철장의 권세를 주시고자 함이니라.

종말과 심판으로부터 인류를 구원하라.
하나님께서는 축복을 내리시고 살펴 주려 하심이나
악신들이 너희에게로 들어가 훼방하느니라.
너희가 이기면 땅에 평화가 올 것이나
너희가 지면 같이 멸할 수밖에 없기에 심판이라 하느니라.
너희는 한배를 탄 자들이라.
서로 협력하고 화합하여야 할 것이니라.
마지막 때와 시작의 때를 너희가 선택하라 하심이라.

하나님께서는 너희를 양육하려 하시도다.
너희가 알아야 하며 너희가 이루어야 하느니라.
시와 때가 급하다 하시느니라.
하늘에 영광이 있듯이 땅의 평화를 너희가 이루라 하심이라.

셀라 셀라 셀라 셀라 셀라 셀라 셀라

주 알파와 오메가님 감사드리옵나이다.
태초의 말씀의 하나님 감사드리옵나이다.
천지신명 하나님 감사드리옵나이다.
칠성 하나님 감사드리옵나이다.
성령과 성신께 감사합니다.

항상 저희에게 베풀어 주시는
은혜와 은총과 은사에 감사드리옵나이다.

저희가 하나님전에
충성되고 바른 자녀가 되게 하여 주시옵소서.
저희에게 지혜와 총명과 용기를 내려 주시옵소서.
저희가 악신으로부터 영원히 승리하게 하여 주시옵소서.
저희가 성령과 성신으로 거듭나게 하여 주시옵소서.

성령과 성신의 이름으로 기원하옵나이다.

셀라 셀라 셀라 셀라 셀라 셀라 셀라
셀라 셀라 셀라 셀라 셀라 셀라 셀라
셀라 셀라 셀라 셀라 셀라 셀라 셀라

[부록] 조상제 사례

천지원의 제사장 애광 성도입니다.

하늘께서 인준하여 주신 그대로 조상제를 진행하며
제가 직접 보고, 듣고, 알게 된
여러 조상제의 내용 중, 한 사례를 들고자 합니다.

실재하는 이 땅의 사후세계를
바르게 아는 데 도움이 되시기를 바랍니다.

조상제 일주일 전 기도

신청한 후손의 친가와 외가, 배우자의 친가와 외가 조상제의 인준을 구하는 기도를 드렸습니다. 기사진으로부터 노란빛 빛기둥이 제게로 내려지며 저의 은신께서 고급스럽게 반짝이는 금빛 문서인 조상제 보고서를 두 손으로 받들어 올렸습니다. 보고서가 자동으로 빛의 통로를 통해 웃전으로 올려지니 인준의 도장이 크게 찍히며 다시 저에게로 내려 주셨습니다.

말씀으로 "해당 집안의 조상제를 허락하노라."라고 하셨습니다. 말씀과 함께 해당 집안의 가족들에게 천기의 빛이 연결되니 후손과 가족들의 몸속에 있는 조상신들의 머리로 빛이 반짝하며 조상제가 진행될 것이라고 자동으로 알려졌습니다.

제가 조상신들에게, "후손 OOO의 친가와 외가, 배우자 OOO

의 친가와 외가 조상님들은 OO년 OO월 OO일 운암 천지원에서 조상제를 해 드리니 하루 전날 부를 때 한 분도 빠짐없이 오시기 바랍니다. 오시지 않는 조상님들은 다음에 따로 조상제를 해 드리지 않습니다."라고 조상제가 진행됨을 알리니 연노란빛 연꽃이 각 조상신들에게 연결되며 소리가 전해지고, 머리로는 약기(藥氣)가 담아집니다.

저의 전하는 음성이 선명하고 편안한 음색이 되어 조상신들에게 안내가 됩니다. 그러자 그동안 후손의 몸에 있으며 아프고 괴로워하던 후손의 어머니가 눈물을 흘리며 계속 우는 모습이 보입니다.

조상제 전일 기도

내일 조상제가 잘되게 하여 주시기를 기도드리니 성전의 천통으로 붉은 큰 빛이 내리며 천지원 전체와 주변으로 태풍과 같은 큰 불기운이 회전하며 주변의 나쁜 기운들이 정리되었습니다. 큰 불기운이 천지원 전체로 입혀지듯 공중과 건물, 땅속까지 스며들며 악신들이 태워졌습니다.

천지원 입구로 연분홍빛의 큰 연꽃이 피어나며 안에는 신비로운 노란빛이 샘처럼 쏟아져 연꽃의 겉면으로 흘렀습니다. 조상제와 관련하여 보호막을 내려 주시는 모습으로 연꽃의 보호막 안으로 조상신 보호 대기소 건물이 세워졌습니다.

조상신 보호 대기소는 전통 한옥 양식의 큰 건물로 내부에는 여러 객실이 있는 고급 호텔 같은 곳입니다. 허기진 조상신들이 도착하면 요기할 수 있도록 진통제 역할을 하는 따뜻한 약차와 함께 간단한 음식들도 마련되어 있었습니다. 몸이 크게 상하여 사망한 경우에는 초록빛의 약기가 가득한 방으로 배치되어 조상제 전까지 조금이라도 고통이 덜할 수 있도록 베풀어 주십니다.

조상신 보호 대기소 입구에는 검문소가 서 있으며 새롭게 배치된 성도의 신장 분신들이 도열하여 철저히 준비를 마쳤습니다. 조상신 보호 대기소의 검색대와 안내소 그리고 보안실에는 여러 개의 화면이 가동되며 앞으로 맞이하게 될 조상신들의 사진과 정보들이 공유됩니다. 그렇게 조상신들의 보호와 이동을 위해 신장 분신들의 배치가 끝나자,

말씀전에서
"준비가 다 마쳐졌으니 조상신들을 부르도록 해."라고 하셨습니다.

제가 조상신들에게 "내일 조상제가 있으니 해당되는 조상님들은 지금 운암 천지원 조상신 보호 대기소로 한 분도 빠짐없이 오시기 바랍니다." 하고 부르니 신장 분신들의 보호를 받으며 곳곳에서 빛처럼 빠르게 조상신들이 이동되었습니다. 조상신 이동의 전체적인 책임을 맡은 성도의 신장 분신이 명단을 확인하고 "조상신들이 모두 이동되었습니다." 하고 보고하였습니다.

후손의 친가와 외가, 배우자의 친가와 외가 조상신들이 도착하였으며, 특히 후손의 어머니와 아버지, 배우자의 아버지가 도착하였는지 다시 확인하였습니다. 후손의 아버지를 통하여 양할아버지와 양할머니의 도착이 확인되었습니다.

3세에 사망한 후손의 형제와 어릴 때 사망한 어머니의 형제는 후손의 어머니와 함께 있었으며, 태어난 지 얼마 되지 않아 사망한 배우자의 형제는 배우자의 어머니 몸에 있다가 모두 같이 이동되었습니다.

말씀전에서
"모두 이동이 되었으니 정리 기원을 드리도록 해."라고 하셨습니다.

기원을 드리니 조상신들이 입장을 기다리며 임시로 모여 있는 검색대로 붉은빛의 작은 연꽃들이 비처럼 내립니다. 연꽃들은 순식간에 폭죽이 터지듯 불 폭탄과 같이 공중에서 분사되며 조상신들의 몸속에 숨어 있던 뱀신, 도깨비신, 괴물신 등 생전에 연결된 악신들이 천기의 강한 빛에 의해 뽑혀서 태워지고 여자 조상신들의 경우 하복부 안으로 숨어들어 있던 악신들도 빛에 의해 뽑혀 다 태워졌습니다.

1차로 악신들이 정리된 후, 연한 초록빛과 노란빛의 천기가 강하게 회전하니 조상신으로 변장하여 숨어 들어온 악신들의 모습이 드러나며 그대로 다 태워져 깨끗하게 정리되었습니다.

검색대의 총괄을 맡은 성도의 신장 분신이 "전체 정리되었습니다." 하니 동시에 조상신들의 입장이 시작되었습니다. 검색대의 양쪽에서 삼태극의 큰 빛이 계속 연결되어 나오며 조상신들은 마치 오로라 빛을 통과하듯 회전하는 삼태극의 신비로운 빛 사이를 지났습니다. 그 빛을 지나자 스캔하듯 몸속 세세한 곳까지 다시 한번 검색이 되니 깊이 숨어 있던 악신들이 자동으로 뜯기며 처리가 되었습니다.

안내소에는 선녀 분신들의 모습이 보이는데, 운암에 상주하는 여성도들의 분신들로 키가 크고 세련되며 깔끔한 하얀빛과 옥빛의 정복(正服)을 입고 조상신들을 맞이합니다. 선녀 분신들의 정복 안쪽에는 작은 무기들이 장신구처럼 달려 있는데, 만일의 경우 장신구처럼 달려 있던 작은 무기가 순식간에 커지며 불 검이 되는 모습이었습니다.

후손의 몸에 있던 조상신

1. **돌아가신 어머니**
돌아가신 어머니가 신청한 후손의 몸에 있으며 머리로 영향을 주었음. 가끔 안개가 끼듯이 멍하거나 생각이 잘 나지 않는 증상을 겪음. 어머니는 등과 허리를 많이 아파하고 복통으로 배를 움켜쥐고 있는 모습. 살아있으며 잘해준 것이 없는데 이렇게 좋은 곳으로 보내준다며 고맙다는 마음을 전함. 통증으로 눈을 거의 뜨지 못하였는데 하얀 연꽃의 보호막 안에서 약기로 인해 잠이 들며 편안해짐. 내일 조상제가 진행됨을 다시 한번 얘기해 줌.

2. 15세 정도의 어린 나이에 사망한 여자 조상신
예전에 일본에서 학교를 다니며 신식 교육을 받고 거의 일본인에 가깝게 일본어를 사용함. 저녁에 학교를 마치고 귀가하다가 괴한들을 피해 인력거로 빠르게 이동하던 중에 전차와 충돌하여 허리를 크게 다침. 며칠을 앓다가 사망함.

3. 악사(樂士)인 여자 조상신
얼굴이 매우 곱고 단아하며 학식이 뛰어나고 점잖은 모습. 악기 연주에 기교가 뛰어나 유명해짐. 사람들이 좋아하여 연주회와 같이 자신의 음악을 선보일 기회가 많았음. 외국에 나가 신문물을 익히며 유랑 생활을 함. 나이가 많이 들어 한국으로 돌아와 책을 쓰던 중에 사망함.

4. 어린 나이에 사망한 남자 조상신
후손의 형제인데 세 살 된 어린 나이에 죽어 어머니와 함께 있었음.

5. 산천을 떠돌며, 도를 구하던 할아버지 조상신
평생을 홀로 살아왔으며 한곳에 머물지 못하고 주로 절을 옮겨 다님. 특히 불경에 대한 학식이 깊음. 극락이 있다고 믿었고 그러한 삶을 꿈꿨다고 말하며 이렇게 조상제가 될 수 있게 해주어 고맙다고 함. 그동안 자신의 역마살로 인해 후손이 한곳에 머무는 것을 힘들어했다고 함. 이렇게 떠날 수 있게 해주어 고맙다고 하며, 죽음 이후의 삶이 이토록 허망하고 두려운 것인 줄 몰랐다고 함.

6. 활을 쏘며 무예를 익혔던 남자 조상신
나라의 고위 관리였으나 그 집안을 위해 자신의 목숨을 바침.

후손의 배우자 몸에 있던 조상신

1. 꿈을 많이 꾸며 신병을 앓았던 여자 조상신
신내림을 받지 않으려고 노력하다가 너무 괴로워 음식을 끊으며 스스로 죽음을 선택함.

2. 무당 할머니 조상신
어린 나이부터 관을 잘하고 길흉화복을 잘 점치는 큰 무당이었음.

3. 남자 조상신
어려서부터 몸이 약해 젊은 나이에 폐결핵으로 사망함.

4. 나무에 목을 매어 자살한 남자 조상신
헛소리를 하고 헛것을 보며, 자다가 깨어 보면 집 밖에서 흙이 묻은 채 누워 있는 등 자신의 의지대로 되지 않아 결혼을 원하지 않다가 스스로 생을 마침.

5. 기녀 조상신
집안이 어려워 팔려 가듯 기녀의 삶을 시작함. 어린 나이에 자립하여 돈을 모아 나중에 큰 식당을 운영함. 남자로 인해 어려움을 많이 겪으며 홀로 자식을 키우며 살아감. 훗날 노환으로 사망함.

6. 돌림병으로 사망한 어린 여자 조상신
집안이 유복하여 치료를 계속하였으나 열이 내리지 않아 온몸에 열꽃이 피며 앓다가 사망함.

첫째 아들(22세)의 몸에 있던 조상신 여섯 분

둘째 딸(18세)의 몸에 있던 조상신 여섯 분

셋째 아들(14세)의 몸에 있던 조상신 다섯 분

위의 조상신들이 모두 이동되어 조상신 보호 대기소에서 대기하였습니다.

조상제 당일 기도

**첫 번째 기도로,
조상제를 허락하여 주심에 대한 감사 기도를 드리니,**

기도드리는 후손의 몸으로 빛기둥이 내려지며, 의복을 내려 주셨습니다. 후손의 머리가 단정해지며 아이보리 빛의 흰 두루마기가 입혀졌습니다. 후손의 가슴으로는 삼태극 빛이 연결되어 천기를 계속 내려 주셨고 연결된 빛기둥을 통해 기도가 올리어졌습니다.

천기의 빛이 후손 가슴의 삼태극을 통해 몸속을 환하게 비추니, 숨어서 살펴보고 있던 악신들이 빛의 회오리에 그대로 뽑혀 나오며 정리되었습니다. 머리로 내려 주신 붉은빛이 계속 회전하니 연결된 악신들이 찾아지며 몸 전체에서 검은 기운들이 흘러나왔습니다.

조상신 보호 대기소에서 하룻밤 머무는 동안 내려 주신 천기와 약기가 계속 담아진 조상신들의 몸에서는 마치 문신처럼 합수되어 있던 악신들이 천기를 견디지 못하고 몸 자체에서 뱉어내듯 분리되어 나와 정리가 되었습니다.

조상신들은 살아생전에 하늘을 알지 못하고 하늘을 부정하며 살았던 자신들의 모습을 기억하며 감히 고개를 들지 못하였습니다. 조상신들에게 하얀빛의 의복이 내려지며 그 의복에 붉은 글씨가 드러납니다. 자신들의 연·업·살로 인한 죄목들이 숨겨지지 않고 마치 거울처럼 그대로 의복에 비치는 모습이었습니다.

말씀으로 "조상신들에게 조상제를 허락하노라."라고 하셨습니다. 또한 "후손 OOO의 친가와 외가, 배우자 OOO의 친가와 외가 조상신들은 하늘에 기도드리도록 하라."라고 하시며, "하늘의 인준이 없이는 함부로 후천의 하나님전에 기도드릴 수 없다."라고 하셨습니다.

전체 조상신들에게 큰 삼태극 빛기둥이 각각 내려집니다. 조상신 보호 대기소에 있던 큰 연꽃 보호막이 열리고 공중과 땅 사방으로 삼태극 빛 기운의 보호막이 연결되며 조상신들이 기도를 드릴 수 있도록 허락해 주셨습니다. 조상신들은 옷매무시를 바로 하고 자신들의 잘못한 죄를 사하여 주시기를 간절히 기도드리기 시작하였습니다.

운궁을 통해 웃전으로 기도가 올려지는 모습이었습니다.

후손의 어머니는 거의 정신이 없으나 계속 기도를 드리는 모습이었으며 기도를 드리면서 우는 조상신들의 모습도 보였습니다.

**두 번째 기도로,
하늘에 감사하지 못한 죄에 대한 죄사함 기도를 드리니,**

후손의 태초의 전생을 보여 주셨는데, 하나님전의 서고를 관리하던 문관신으로 명석하고 바른 분별로 충직하여 크게 어여뻐하신 모습이었습니다.

말씀으로 "모두 인연이 있어 왔으니 잘 안정되기를 바래요."라고 하셨습니다.

후손의 기도가 올려지면서 본인의 잘못한 죄가 함께 사하여지니, 후손의 몸으로 수많은 연·업·살의 연결들이 드러나며, 마치 양파 껍질이 벗겨지듯 한 겹, 한 겹 벗겨지고 계속 태워져 내렸습니다. 특히 허리뼈에 숨어 있던 악신들이 계속 태워지며 몸에서 검은 연기가 났습니다.

한편 기도를 드리는 조상신들은 뜨거운 눈물을 흘리며 하얀 의복에 거울처럼 새겨지고 비치는 붉은 글씨들에 놀라는 모습입니다. 조상신들 각자 기도하는 자리로 영화의 화면처럼 연결되어 육으로 살면서 하늘이 계시지 않는다고 하며 하늘을 향해 손가락질하고 원망하며 비방하기까지 하였던 장면들이 자신들에게 순간적으로 쏟아져 내리며 모두 기억하게 되었습니다.

말씀전에서
"이처럼 큰 죄를 지었으나 후손의 정성으로 구원하고자 하니 너희들이 하늘에 대한 죄를 고하여 사함 받도록 하라. 너희들의 무지가 어떠하였으며 죽은 이후의 삶이 어떠하더냐. 사람의 자만함과 오만함이 이처럼 무지하도다."라고 하셨습니다.

조상신들이 살아생전에 먹고 마시고 생활하며 자연을 해하고 감사하지 못했던 죄로 인해 온몸에 연결된 연·업·살들이 드러나며 큰 밧줄들이 몸에서 풀어져 나왔습니다.

말씀으로 "자신의 삶이 왜 답답하고 어려웠겠는가. 하늘을 모르며 살아온 그 삶이 지옥이 되었음이라."라고 하셨습니다.

말씀과 함께 천기의 빛이 전체 조상신들에게 연결되며 몸에서 큰 밧줄들이 쿵쿵하는 소리를 내며 큰 바윗덩이가 내려앉듯 그 연·업·살들이 뽑혀졌습니다. 후손의 어머니, 아버지, 그리고 후손 배우자의 아버지가 많이 울었습니다.

기도가 계속되며, 조상신들의 등 뒤로 삼태극 도장이 내려지고 머리에는 천기를 크게 담아 주셨습니다. 해당 기도를 받아 주시는 모습이었습니다.

**세 번째 기도로,
땅에서 지은 죄에 대한 죄사함 기도를 드리니,**

조상신들이 무릎을 꿇고 합장하고 앉아있는 앞에 스크린처럼 연결되며 그동안 땅에서 살아가며 해를 입힌 사항들이 보여졌습니다. 후손의 외가 조상신이 산 전체를 사유하여 사용하며 큰 나무들을 해한 후부터 자손들의 몸이 아프거나 사고가 많았습니다. 또 후손의 친가 조상신은 소를 사육하여 크게 사업을 한 모습인데 도축으로 죽은 소들이 도깨비신이 되어 그동안 후손들에게 악영향을 주고 있었습니다. 이와 관련하여 연결된 것들이 드러나며 정리가 되었습니다.

땅을 떠났으나 땅에서 잘못한 여러 죄목들이 새빨간 글씨가 되어 얼굴에 드러났습니다. 얼굴과 의복 전체로 드러난 죄목들을 보고 조상신들이 크게 놀라며 자신들이 살았던 하루하루가 모두 죄를 짓고 살았음을 알게 되었습니다. 땅에서 먹고 마시며 생활함에 있어 자연에 감사하지 않고 모든 것을 임의로 사용한 것이 다 죄가 되어 하늘에 남는다고 하셨습니다.

기도가 계속되며 조상신들의 등 뒤로 삼태극 도장이 내려지고 머리에는 천기를 크게 담아 주셨습니다. 해당 기도를 받아주시는 모습이었습니다.

**네 번째 기도로,
연·업·살로 잘못한 죄에 대한 죄사함 기도를 드리니,**

조상신들 앞에 있는 스크린으로 여러 생을 지나며 잘못한 죄가 보여졌습니다. 전생에 도둑질을 하였는데 다음 생에도 그 연·업·살을 반복한 죄, 바르지 않은 하늘을 신앙하며 여러 생을 거듭하여 하늘을 바르게 알지 못한 죄, 조상신이 되어 후손의 몸속에 살아가며 사람의 운명을 어렵게 하고 아프게 한 죄 등 각자의 화면들이 계속 재생되었습니다.

조상신들이 자신의 생이 그대로 기록됨에 모두 놀라며 바닥에 엎드려 감히 고개를 들지 못하였습니다.

하늘의 법과 질서를 모르면서 이 땅에서 천년만년 살 것처럼 삶을 온전히 자신들의 뜻대로 살면 된다고 여긴 방만한 모습과 욕심들이 고스란히 스크린에 드러나니 조상신들은 순간 모두 벌거벗은 듯이 놀라며 부끄러워하였습니다.

조상신들의 몸으로 호랑이, 여우, 뱀, 도깨비 등 연결된 연·업·살의 모습이 드러나며 태워지고 또 드러나며 태워졌습니다. 조상신들이 계속 죄사함 기도를 드리니 살아생전의 잘못과 전생의 잘못함까지 사하여 주셨습니다.

기도가 계속되며 조상신들의 등 뒤로 삼태극 도장이 내려지고 머리에는 천기를 크게 담아 주셨습니다. 해당 기도를 받아주시는 모습이었습니다.

다섯 번째 기도로,
후손들에게 연결된 연·업·살로 잘못한 죄의 연결고리와 산화(山禍)의 영향으로부터 벗어날 수 있도록 기도를 드리니,

집안의 묘로 인한 산화의 영향이 드러났습니다. 조상의 묘에 물이 차 있어 후손들이 머리에 영향을 받으니 머리를 다치거나 혹은 정신적 증세를 겪는 모습이며, 묘의 다리 쪽으로 나무뿌리들이 칭칭 감고 있어 후손들이 관절염 등과 같이 몸에 나쁜 영향을 받고 있었습니다.

기도가 계속되니 후손들과 연결된 고리들이 모두 조상신들에게 거둬들여져서 역으로 후손의 몸에서 조상신에게로 되돌아왔습니다. 그동안 조상신들이 후손들의 몸속에 있으며 연결되었던 나쁜 영향들이 모두 뽑혀 나오는 모습이었습니다

후손과 직계 가족들에게 있던 산화의 영향이 뽑히며 그 영향을 받지 않도록 보호막이 연결되었습니다. 묘와 관련한 사항들이 크게 한 번에 정리되었고 이제 조상신들과 후손들 사이의 연결고리가 모두 끊어짐으로써 조상신으로 인한 영향이 더

이상 후손들에게 연결되지 않게 되었습니다.

말씀으로 "조상신들은 땅에 남기는 것이 없도록 하라." 하시며 땅에서의 모든 연결고리를 정리해 주셨습니다. 조상신들은 몸이 무척 가벼워졌습니다.

기도가 계속되며 조상신들의 등 뒤로 삼태극 도장이 내려지고 머리에는 천기를 크게 담아 주셨습니다. 해당 기도를 받아주시는 모습이었습니다.

**여섯 번째 기도로,
베풀어 주시는 은혜로써 거듭날 수 있도록 기도를 드리니,**

모든 조상신들은 죄사함을 할 수 있게 하여 주심에 감사드리며 마치 성장한 듯 하늘의 말씀 속에 기운이 많이 정화되었습니다.

말씀으로 "본인들의 원하는 바를 기도하도록 하라."라고 하셨습니다.

각 조상신에게 빛기둥이 연결되며 마치 만화처럼 사람이 새롭게 태어나듯 변신이 시작되었습니다. 빛기둥 안으로는 여러 은사들이 반짝였습니다. 세상에서는 상상할 수 없는 약기로 신체가 깨끗하게 치유되었고 세상과는 다르게 본인이 원하는 나이의 젊음을 되찾고 내려 주시는 좋은 의복을 입게 되었습니다.

천기의 아름다운 빛기둥 속에서 조상신들은 과거와 다른 새로운 몸으로 바뀌었습니다. 건강하고 좋은 기운의 뼈와 장기들 그리고 세포와 혈관이 생겨나고 작게는 머리카락, 속눈썹, 작은 털 하나까지도 모두 새롭게 바뀌어서 새로운 사람신으로 다시 태어난 모습이었습니다.

모든 조상신들은 신체가 건강해지고 젊은 모습이 되었으며, 아름답고 멋진 의복을 입게 되었습니다. 특히 후손의 조부모님이 크게 기뻐하였습니다.

조상제 후 모습

1. 후손의 아버지
40대의 모습으로 푸른빛 양복을 입고 양복 가슴 주머니에는 붉은색 꽃을 장식함. 하얀 구두를 신고 머리는 무스로 올린 듯 멋을 냄. 피부가 마치 미소년처럼 하얗게 빛나며 젊은 청년과 같이 됨.
자식인 후손에게 "살아가면서 내 삶은 왜 이렇게 고비가 많고 평탄하지 않은가 하고 고뇌도 많았고 태어나지 않았으면 나았을 것이라는 생각도 많이 하였다. 조상제를 해주어 고맙다."라고 전함.

2. 후손의 어머니
크게 울며 좋아함. 30대의 날씬한 몸매로 하얀빛 레이스로

된 고급스러운 투피스 드레스를 입음. 생전에 머리가 길고 예쁜 사람들이 부러웠다고 하며 곱슬거리는 머리를 길게 내림. "나중에 나이가 들면서 자꾸 주변에 민폐를 끼쳐 내가 사는 게 옳지 않다고 생각했는데 못난 어미라도 이렇게 챙겨 줘서 고맙다. 크게 해주지 못하고 남들처럼 편하게 살 재산도 남기지 못해 미안하다."라고 함. 조상제가 되며 건강해지고 젊어지니 춤을 추면서 노래를 부름. 우리 아들이 이렇게 해주었다고 어깨를 으쓱하며 다른 조상신들 사이에서 당당해하는 모습.

3. 후손 배우자의 아버지
처음에는 어디로 오는지도 모르고 정신을 차릴 수가 없었다고 함. 50대의 모습으로 되며 짙은 베이지색 양복을 입음. 점잖고 말수가 적음.
"해준 것도 없는 사위에게 큰 것을 받아 미안하다. 운궁에 가면 기도를 많이 드리겠다. 잘 살아라. 딸을 잘 부탁한다."라고 함.

4. 3세에 사망한 후손의 형제
다섯 살의 모습이 되며 자전거를 갖고 싶어 함. 멜빵 청바지를 입고 큰 사탕을 들고 있음. 어머니와 함께 있음. 그 외 어릴 때 사망한 조상신들은 7~8세 정도로 됨.

5. 후손의 양할아버지, 양할머니
양할아버지는 40대에 옥빛 모시 한복을 입고, 양할머니는 30대로 연보라빛 모시 한복을 입었는데 점잖은 모습. 양할머니가 "이렇게 조상제를 해주어 고맙다. 없는 집에 입양 와서 고

생이 많았다. 잘해준 것도 없는데 미안하고 고맙다."라고 하며, 큰절을 하는 모습.

**일곱 번째 기도로,
본인과 가족이 건강하고 가정이 안정되기를 기도드리니,**

조상제가 진행된 후손들의 몸으로 천기를 가득 내려 주셨습니다. 특히 후손의 뱃속에 자리 잡고 있던 신집이 크게 정리되며 좋은 약기를 담아 주셨습니다. 막혀서 복잡하던 머리도 기운이 크게 정화되었습니다.

말씀으로 "공부할 사람이나 자신의 업이 크니 '정구업진언수'를 많이 하도록 하라고 해."라고 하셨습니다.

큰 연꽃이 해당 가정으로 연결되어 계속 회전하며 나쁜 연결들이 다시 한번 정리되었습니다. 크고 밝은 빛으로 가정에 복을 내려 주시는 모습이었습니다.

조상제가 끝나고 운궁으로 올라가는 상황

후손은 성전에서 조상제 진행 상황을 전달받고 크게 감사드리며 인사를 드렸습니다. 그 이후 성전 밖으로 나와 조상신들이 운궁으로 올라가시기 전에 서로 마지막 인사를 나누기 위해 섰습니다.

후손은 울면서 "아버지, 이제 편안한 곳에서 잘 지내세요. 함께 가시는 조상님들, 운궁에서 편안하게 잘 사시기 바랍니다. 조상제를 통해 후손으로서 도리를 다하게 되어 마음이 가볍습니다. 안녕히 가십시오." 하고 인사를 전하였습니다.

조상신들은 후손이 마지막으로 인사하는 모습을 생생하게 지켜보며 크게 고마워하였습니다. 후손의 아버지가 "고맙다. 잘 지내도록 해라."라고 하였고 조상신들을 대표하여 윗대 할아버지가 "큰 복을 주어 고맙습니다."라고 마지막 인사를 하였습니다.

인사가 마무리된 후 저는 "조상님들, 운궁으로 올라가십시오."라고 전하였습니다.

그러자 운궁으로부터 빛의 통로가 연결되며 조상신들은 순식간에 운궁으로 올리어졌습니다. 조상신들이 모두 운궁에 오르자 내려 주셨던 빛의 통로는 자동으로 사라지며 문이 닫혔습니다. 제가 처음 조상제를 진행하면서 이러한 장면을 보았을 때 "세상에서 말하는 휴거가 이러한 것이구나."라고 생각하였습니다.

조상신들은 궁궐과 같은 아름다운 운궁의 겉모습을 보는 것만으로도 무척 놀라워하였습니다. 무지갯빛을 내는 신비로운 금으로 된 연꽃 위에 세워진 운궁은 천기로 지어져 건물 벽의 모든 장식이 진귀한 보석들로 이루어져 있고 그 빛나는 모습만으로도 모두 황홀해하였습니다. 태어난 이후 단 한 번도 느

껴보지 못한 맑고 영롱한 천기의 빛을 보며 조상신들은 감동하여 눈물을 흘리기도 하였습니다.

운궁에 들어온 조상신들은 낙원과 같이 따뜻하고 밝고 환한 아름다운 운궁의 기운과 모습에 매료되어 세상에 살면서도 상상할 수 없었던 이렇게 아름다운 곳에 올 수 있었음에 말로 표현할 수 없을 만큼 크게 기뻐하며 감사하는 모습이었습니다.

이제 온 조상신들을 운궁에 먼저 올라와 살아가는 다른 조상신들이 따뜻하게 맞이해 주었습니다. 먼저 온 조상신들은 의복에 빛이 흐르며 품위가 있고 아름다우며 뛰어난 하늘의 교양을 갖추고 있었습니다. 운궁에서의 생활은 그 하루가 땅의 하루와 다르며 조상신들은 내려 주시는 천기 속에서 살아가며 자신도 모르게 보기에 좋은 모습으로 더욱더 변화되기 때문입니다.

운궁의 연회장에는 성대한 잔치가 준비되어 있었습니다. 오늘 새롭게 입궁한 조상신들을 환영하는 자리로 세계의 대표적인 음식들로 산해진미가 차려졌습니다. 연회가 시작되자 공중으로 화려한 불꽃 축제가 펼쳐졌습니다. 함께하는 조상신들은 꿈만 같은 현실에 그저 황홀하기만 하였습니다.

말씀으로 "성도들이 조상제를 바르게 알고, 바르게 감사드려야 하는 것이에요. 사람신에게 이처럼 조상제를 내리심은 신앙을 하는 성도를 위함이니 성도들은 크고 크신 은혜와 은총과 은사에 감사 또 감사를 드려야 해요."라고 하셨습니다.

천지신명 하나님 감사드리옵나이다.
조상제로 베풀어 주시는
은혜와 은총과 은사에 감사드리옵나이다.

셀라 셀라 셀라 셀라 셀라 셀라 셀라

태아(胎兒)신 사례 / 유산된 아이의 경우

다음은 태아신들의 경우인데, 사람마다의 사연과 사정이 있기에 조용히 해결해 주어야 하므로 앞의 사례와 다른 집안의 사례를 예로 들었다.

조상제 전일 기도를 드릴 때 조상제 신청인은 육아를 할 수 있는 형편이 되지 않아 여러 차례 낙태하였다고 했습니다. 조상제 신청인의 자궁 안에 도깨비신 얼굴 모습으로 붉게 타오르는 신집이 보여졌습니다. 신청인의 자궁 안에는 낙태의 과정으로 수술 도구에 찢겨 형체가 없는 여아가 먼저 유산된 언니, 오빠와 함께 있었으며 태아신 셋이 하나로 합하여져 도깨비신, 뱀신 등과 합수가 되니 원귀가 되어 엄마 아빠에 대한 증오와 원망으로 성이 가득 난 태아신들은 날뛰듯이 괴성을 지르고 있었습니다.

신청인인 엄마 머리로 크게 영향을 주고 있었으며 하복부로는 혹이 많이 보였는데 나중에 하복부의 병을 주의해야 하는 모습이었습니다. 신청인 또한 하복부의 냉기를 어찌해야 할지 몰라 괴로웠다고 하며 갑작스러운 하복부의 통증으로 응급실에 가는 경우가 여러 번 있었다고 하였습니다.

태아신들은 엄마와 아빠 사이를 갈라놓거나 엄마가 현재 태어난 자녀들을 임신했을 때 임신된 태아를 해코지하고 괴롭혔으며, 그 아이가 태어난 후에도 살아가는 동안 아프게 하거나 바르게 성장하지 못하도록 끝까지 복수하며 방해를 하고 정신적으로 괴롭히는 등 어려움을 주었습니다. 신청인은 아들이 자퇴를 하며 학교에 적응하지 못하는 모습에 걱정이 많았다고 했습니다.

태아신들은 부모에 의해 세상의 빛을 보지 못하고 죽게 된 원망과 분노, 그 자체이기 때문에 악신들과의 합수가 쉽게 이루어집니다. 하늘께서는 이러한 태아신들을 안타깝게 여기셨습니다. 조상제를 신청한 이후부터는 천기로써 태아신들을 먼저 악신들과의 합수에서 분리해 주시며, 그 악신들을 바로 태워 정리해 주셨습니다. 그리고 태아신들은 인큐베이터와 같이 따뜻하게 감싸지는 연꽃 안에서 각각이 보호되어 잠든 듯이 고요한 모습이었습니다.

조상제 당일 조상제가 시작되자 신청인의 하복부로 큰 불기운이 연결되며 연꽃으로 보호되던 태아신들이 조상제를 위해 엄마의 몸으로부터 나와 이동이 되었습니다. 신청인의 자궁에 자리 잡고 있던 악신들과 연·업·살들이 크게 정리되며 유산과 관련한 수술 도구들의 동토신들도 함께 깨끗하게 태워졌습니다. 큰 빛의 천기에 의해 자궁의 안쪽에 숨어 있던 도깨비신집들이 드러나고 뽑히며 태워져 녹아서 정리되었습니다.

태아신들은 조상제를 통하여 자신들이 원하는 모습으로 새롭게 태어났습니다.

첫째 태아신은 10세 정도의 여자아이가 되어 노란 원피스를 입고 허리 뒤로 크고 화려한 리본을 묶었습니다. 하늘거리는 레이스 양말을 신고 반짝이는 분홍색 보석 구두를 신었습니다. 금발의 곱슬 단발머리로 예쁜 머리띠를 착용했는데 머리띠에 장식된 붉은 꽃으로부터 좋은 향이 나고 비눗방울처럼 여러 색의 예쁜 빛이 흘러나오니 무척 신기해하고 행복해하였습니다.

둘째 태아신은 7~8세 정도의 남자아이가 되어 아동용 정장 수트를 입었습니다. 전체적으로 푸른빛이 돌고 연한 체크무늬가 들어가 더욱 세련되어 보였습니다. 붉은색 물방울무늬의 화려한 나비넥타이를 하고 진한 밤색의 구두까지 맞춰 신으니 누가 보아도 의젓한 꼬마 신사의 모습이었습니다. 상의 안쪽에 입고 있는 조끼에서는 빛이 흘러내리듯 붉은 기운이 따뜻하게 연결되어 나와 보호막이 되었습니다.

셋째 태아신은 5~6세의 여자아이가 되어 연한 살구빛 원피스를 입었습니다. 상의 부분은 니트처럼 얇게 짜여 있고 치마에는 얇은 망사가 덧입혀져 있으며 초록색 꽃잎들이 작게 수놓아져 있었습니다. 원피스 허리 중앙으로는 풍성한 장미꽃 모양의 장식이 있는데 장미꽃이 마치 살아있는 듯 아름다우며 무지갯빛이 퍼져 나와 좋은 향과 건강한 기운이 되어 담아졌습니다. 악기를 좋아하여 작은 장난감 피아노를 함께 내려 주셨는데 자동으로 동요와 같은 곡들이 연주되니 신이 나 붉은 샌들을 신고 팔짝팔짝 신나게 뛰며 춤을 추었습니다.

그동안의 아프고 힘들었던 기억을 모두 잊고 따뜻하고 밝게 살아갈 수 있도록 기쁨의 천기를 내려 주시는 모습입니다.

태아신들은 더 이상 미움도 원망도 증오도 없는 순수 자체의 어린아이가 되어 마음껏 뛰노는 모습이었습니다.

말씀으로 "사람이 작은 생명을 해하여도 연·업·살이 되는데, 이렇게 집안에 태아신이 많으니 후손들이 잘되기가 어려워요."라고 하셨습니다.

셀라 셀라 셀라 셀라 셀라 셀라 셀라

천지신명 하나님 감사드리옵나이다.
조상제로 베풀어 주시는
은혜와 은총과 은사에 감사드리옵나이다.

셀라 셀라 셀라 셀라 셀라 셀라 셀라
셀라 셀라 셀라 셀라 셀라 셀라 셀라
셀라 셀라 셀라 셀라 셀라 셀라 셀라

천비록(天秘錄)
전 인류에게 고함

초판 1쇄 발행 | 2024년 5월 7일

지은이 | 大光 엘리사
발　행 | 천지원
등　록 | 제476-2023-000001호 (2023.07.20)
주　소 | 전북특별자치도 임실군 운암면 강운로 991-93
전　화 | 063-642-4667
팩　스 | 063-643-9777
이메일 | cjwbook777@gmail.com
홈페이지 | http://www.heaven777.com

(c) 大光 엘리사 & 천지원, 2024. Printed in Korea.
ISBN 979-11-984631-2-8(03290)

값 20,000원

이 책의 저작권은 지은이와 천지원에 있습니다.
저작권법에 따라 보호받는 저작물이므로 무단전재와 무단복제를 금합니다.